EDITORIAL

HEUTE IST EIN GUTER TAG FÜR _____.

Was auch immer du in Gedanken (oder von mir aus auch ganz fett mit dem Edding) in die Lücke schreibst – wie schön, dass heute auch ein guter Tag für dich ist, um dir Zeit für diese Ausgabe zu nehmen. Schon allein deshalb passt ihr Titel doch ganz gut.

Ich musste gerade zweimal überlegen, ob wir diesmal wirklich erst Ende Februar damit begonnen haben. Aber ja, es war der 22. Februar, als wir uns auf den Weg zu Marlon gemacht haben. Seitdem ist noch gar nicht viel Zeit vergangen – nicht einmal zehn Wochen. Gefühlt ist das schon ein halbes Jahr her. Warum das so ist, keine Ahnung. Ich glaube aber, Zeit vergeht langsamer, je intensiver wir sie erleben. Oder andersherum gesagt: Je mehr wir uns beeilen, desto schneller vergeht sie und desto weniger bekommen wir davon mit. Beides haben wir diesmal besonders zu spüren bekommen.

Es ist sicher kein Geheimnis, dass in den letzten Wochen vor dem Abgabetermin die Zeit immer knapp ist und wir es jedes Mal beinahe nicht schaffen, die Ausgabe rechtzeitig fertig zu bekommen. Vielleicht war es aber bisher noch eines, dass die fünf Wochen davor das komplette Gegenteil davon waren. Wir hatten gefühlt alle Zeit der Welt, um in den Begegnungen und Gesprächen so viele Eindrücke einzusammeln, dass wir sie wahrscheinlich noch ein ganzes Jahr verarbeiten könnten. Denn zehn Interviews sind auch zehn Gelegenheiten, um mal für einen Moment Pause zu drücken, uns entspannt hinzusetzen, eine gute Stunde über das Leben zu reden, ganz aufmerksam zu sein und die Gedanken zu ordnen, bevor unsere Reise weitergeht. Und wenn ich nur eine Erkenntnis daraus mitnehmen könnte, dann das: Zeit ist immer dann, wenn alles in uns sagt: „Jetzt ist Zeit".

Wir wünschen dir viel Freude mit dieser Ausgabe. Fühl dich jederzeit eingeladen, dich gedanklich zu uns zu setzen, zuzuhören, deine Gedanken zu ordnen und deine eigenen Erkenntnisse mit auf deinen Weg zu nehmen. Was für eine schöne Vorstellung, diese ganze Reise so mit euch zusammen nochmals erleben zu können. Also dann, auf geht's!

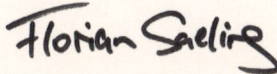

Florian Saeling

Ich schwimme für kranke Kinder !

MORITZ NACHBAUER
15 Jahre
Extremsportler

Foto: Stephanie Schlecht

Foto: Marcel Rista

Mein nächstes Projekt:
Die Manhattan Umrundung

Mach mit und helfe!

Spenden für:

moritznachbauer.de

MARLON HAMMER

8

Über lange Wege, das Anfangen
und den eigenen Antrieb

TOM SUCKOW

18

Über Lovesongs, Verletzlichkeit
und den nächsten großen Schritt

ELISSA HAMURCU

28

Über Comedy, Konkurrenzdenken
und das Leben ohne Plan

JONAS KAUFMANN

38

Über Krisen, Begegnungen
und den Weg zum eigenen Film

NOEL DEDERICHS

48

Über Bekanntheit, grenzenlose
Ideen und echte Komplimente

Meet the team

58

60

SIMÓN AGUIRRE SCHOMACHER

Über Leidenschaft, Träume und die innere Ruhe in aufregenden Zeiten

70

CARA VONDEY

Über Entscheidungen, den ersten Schritt und Momente, die bleiben

80

LIAM SEIDEL (aka DRIMA)

Über seinen Namen, das Connecten und die Suche nach Worten

90

SELINA GROTIAN

Über Biathlon-Weltcups, vollen Einsatz und die Ruhe danach

100

FRIDA VISENTIN

Über die Angst und den Mut, eine neue Chance zu nutzen

110 Impressum & Botschaften

ANNA SCHAFFELHUBER

GRENZEN*LOS*

GRENZENLOS   SPORT · PERSÖNLICHKEIT · MEDIEN   ANNA SCHAFFELHUBER

Starte durch im **inklusiven**
Anna Schaffelhuber **Grenzenlos Camp!**

„Probier' was Neues aus – verschiebe deine Grenzen –
stärke dein Selbstbewusstsein!"

Sei dabei!

Die Termine für 2024 in Bayern

· Burghausen, 12.08. – 16.08.2024, (Alter: 14–17 Jahre)
· Burghausen, 19.08. – 23.08.2024, (Alter: 17–21 Jahre)

Die Teilnahmegebühr beträgt nur 100,- €

Informationen und Bewerbung unter:
www.schaffelhuber-grenzenlos.com

MARLON HAMMER (19)

Bochum kennen wir bisher nur als Durchfahrtsort. Heute steigen wir zum ersten Mal dort aus und machen uns auf den Weg zum Studio, in dem Marlon viel Zeit seines Lebens verbringt. Hier sind also die Ideen für seine Musik entstanden, die uns schon seit Monaten fast täglich in unsere Playlists gespielt wird. Offenbar nicht nur uns, denn kürzlich hat der Song „Angenehm kühl" 1 Million Streams auf Spotify erreicht – ein neuer Meilenstein auf dem Weg und vielleicht auch ein Traum mehr, der für Marlon in Erfüllung geht.

Interview **Florian Saeling** Fotos **Marcel Ristau**

Stell dir vor, wir wüssten noch nichts voneinander, begegnen uns auf einem Event in Berlin und ich frage einfach so: „Hey, wer bist du und was machst du?" Was würdest du über dich erzählen?
Ich glaub, ich würde dir ganz plump meine Insta-Bio sagen: „Ich bin Marlon, 19 Jahre und mach Musik". Damit ist bei mir halt auch schon irgendwie voll viel gesagt, weil Musik so ein großer Teil von meinem Leben ist und so viel Raum einnimmt. Ich könnte dir dann sehr viel weiter darüber erzählen, was ich für Songs schreibe und was ich gerne höre und da kann ich dann sehr abschweifen.

Dann würde mich interessieren, wo du jetzt stehst mit deiner Musik. Also an welchem Punkt im Leben bist du gerade?
Ich würde auf jeden Fall sagen „Immer noch am Anfang", weil ich glaube, der Anfang ist schon der schwerste Teil im Musikerdasein. Ich glaube, bis man irgendeinen Punkt erreicht hat, wo man sagt „Ah, okay krass, hier stehe ich jetzt und hier fühle ich mich wohl und habe ein gewisses Standing", hat man einiges zu arbeiten. Deswegen würde ich dir sagen: „Ich bin immer noch am Anfang, habe aber tolle Leute um mich, die das supporten, was ich mache".

»BISHER HATTE ICH NICHTS IN MEINEM LEBEN, WAS MICH SO MITGENOMMEN HAT, WAS MICH SO BRENNEN LASSEN HAT.«

Aber wann war wirklich der Anfang, dass du wusstest, du willst Musiker sein?
Das ging ziemlich schnell nach dem Anfang des Gitarrespielens, dass ich gemerkt habe: Bisher hatte ich nichts in meinem Leben, was mich so mitgenommen hat, was mich so brennen lassen hat und deswegen war ich mit elf, zwölf, dreizehn immer mehr am Denken: Das will ich irgendwann auch mal beruflich machen.

Vorher war mein allererstes Instrument die Mundharmonika, mit der ich aus irgendeinem Grund auf einmal die Motivation hatte, Lieder zu spielen und hab dann die Gitarre mal ausprobiert, weil ein Kumpel von mir Gitarre gespielt hatte. Ich dachte mir, so schwer kann das ja nicht sein und das war dann für mich auch leicht, weil ich einfach so eine Begeisterung hatte. Und von da an ging das immer weiter, dass ich nicht mehr aufhören konnte. Also das war wie eine Sucht. Meine Eltern haben schon gesagt „Leg die Gitarre doch mal weg. Du musst nicht jeden Tag üben. Wir haben keine Erwartung an dich" und ich so: „Ich auch nicht. Ich liebe das einfach und will nichts mehr anderes machen". Das war einfach mein eigenes Brennen dafür.

Sehr gut, dass du das erzählst, weil schon das, glaube ich, den Unterschied macht, ob jemand wirklich gerne Musik macht oder für den Musiklehrer übt.

Gab es einen besonderen Moment oder Song, der dich inspiriert hat, auf einmal Musik machen zu wollen?

Ja, den gab es auf jeden Fall. Ich kam ins Wohnzimmer und meine Mutter hatte gerade eine Doku über Queen gesehen. Ich hatte zwar schon mal „We will rock you" und „We are the champions" gehört, aber wusste noch nicht, dass das von einer echten Band war. Dann habe ich aber diesen flippigen Frontmann und diesen coolen Gitarristen gesehen und dachte: Ich hätte schon Bock, das auch mal zu machen. Ich glaube, das war mit neun ungefähr, dass ich das erste Mal richtig was empfunden habe.

Seitdem ich dann selbst Gitarre gespielt habe, hatte ich immer Ideen und irgendwann auch ein Lied mit einer Akkordfolge geschrieben, bei dem ich mir dachte, das klingt das erste Mal wirklich nach was. Das habe ich dann gespielt und einmal war meine Mutter im Zimmer und sagte: „Cooles Lied! Von wem ist das?" und ich wollte in dem Moment einfach nicht, dass sie denkt „Das hat mein Sohn geschrieben. Ich muss das ja gut finden". Also hab ich ihr gesagt „Das ist von einer Band, die ich im Internet gefunden habe" und dann hat sie den ganzen Tag dieses Lied gesungen und ich dachte mir: „Krass, das ist gar nicht beeinflusst dadurch, dass ich ihr Sohn bin. Sie muss das wirklich aus ganzem Herzen gut finden".

Am Abend im Wohnzimmer hat sie meinem Vater davon erzählt, dass sie einen Song von irgendeiner Band im Ohr hat. Ich habe so angefangen zu grinsen, dass sie fragte „Warum grinst du so?" und dann erst habe ich gesagt „Das ist nicht von irgendeiner Band. Das ist von mir". Dass ich so etwas schreiben konnte, was den ganzen Tag im Ohr bleibt, war für mich voll die Bestätigung und ich dachte, vielleicht schaffe ich das ja auch noch ein zweites Mal oder ein drittes Mal.

> **»DASS ICH SO ETWAS SCHREIBEN KONNTE, WAS DEN GANZEN TAG IM KOPF BLEIBT, WAR FÜR MICH VOLL DIE BESTÄTIGUNG.«**

Die nächsten Songs waren dann sehr den Alben von Pink Floyd und Queen nachempfunden, was zwar beeindruckend war, aber es war halt nicht meine eigene Sprache. Die musste ich erstmal finden. Dabei hat es auch geholfen, dass ich einen Teil meines jetzigen Teams schon kennengelernt hatte, die mir gesagt haben „Kannst du nicht mehr deutsche Songs schreiben? Vielleicht kommt da was Gutes bei herum" und da kam wirklich sehr viel Gutes bei herum und es hat sich auch mehr nach mir selbst angefühlt.

Wie hast du die Leute kennengelernt?

Also das ist voll die Klischee-Story. Ich habe Straßenmusik gemacht und dabei hat mich dann Ecci angesprochen, mit dem ich heute noch meine Musik produziere. Ihm habe ich meine Songs geschickt und die wurden dann von mehreren Leuten gehört, weil wenn das in der Musikindustrie einer dem anderen zeigt, dann machen sich Leute Gedanken dazu. So kam dann irgendwie alles durch die eine Begegnung auf der Straße.

Ich kann mir vorstellen, dass viele von so einer Begegnung träumen, aber Straßenmusik unangenehm finden. Wie war das für dich?

Das war voll unangenehm. Also ich wollte das auch echt nicht machen, wollte aber mit zwölf unbedingt einen Nintendo 3DS haben und nicht bis Weihnachten warten. Dann hab ich es ausprobiert und hatte schon am ersten Tag das Geld zusammen. Also das lohnt sich selbst dann, wenn man noch nicht die Engelsstimme und die krassen Gitarren-Skills hat.

»ALLEIN DER MUT WIRD JA BELOHNT.«

»JE MEHR DU DER WELT ZUR VERFÜGUNG STELLST, DESTO MEHR WÄCHST DIE WAHRSCHEINLICHKEIT, DASS ETWAS DABEI IST, DAS MIT DEN LEUTEN RÄSONIERT.«

Was denkst du aus deiner heutigen Sicht: Wie kommt man in der Musikwelt weiter?

Das ist die große Frage. Man muss immer wieder realisieren, dass es ein langer Weg ist, sehr viel Geduld beweisen und sich auch leider oft die Euphorie nehmen lassen, weil einfach Dinge lange dauern und da braucht es viel, viel Durchhaltevermögen. Alle träumen irgendwie von dem TikTok Hit, aber das ist so, so selten.

Ich war letztens beim Musikautorenpreis und habe dort lange mit Leuten geredet, die mir auch wieder sagten: Man muss den Biss haben, weiterzumachen. Nicht bei jeder Single enttäuscht sein, wenn sie nicht chartet. Nicht aufgeben, wenn etwas gar nicht funktioniert oder ein Rückschlag kommt.

»MITTLERWEILE BIN ICH SO DRAUF, DASS ICH ECHT DIESEN BISS HABE UND WEISS: OKAY, DAS IST EIN LANGER WEG – ICH WILL DEN ABER GEHEN.«

Einfach weitermachen klingt immer so profan, aber ich glaube, das ist einfach das, was vielen fehlt, um den nächsten Schritt zu schaffen. Natürlich hängt es immer auch mit Glück zusammen. Glück ist ein sehr großer Faktor. Du kannst vorher nicht wissen, ob Leute mit dem Song connecten und dazu Videos machen wollen. Aber du kannst es ausprobieren.

War der Wechsel zur deutschsprachigen Musik ein ausschlaggebender Punkt, dass du mehr Menschen erreicht hast?

Es haben auf jeden Fall mehr Leute angefangen, sich dafür zu interessieren und aufgehorcht, weil die Texte einfach ehrlicher wirkten und ehrlicher waren. Auf Deutsch bin ich voll der Wortspiel-Fanatiker, sehe die Zusammenhänge und die Doppeldeutigkeit in Wörtern. Damit habe ich mich einfach wohler gefühlt.

Ich habe in einer Beschreibung über dich gelesen, dass du „hyperkreativ" bist. Das Wort kannte ich noch nicht. Findest du, das beschreibt dich gut?

Ja, das ist auf jeden Fall ein gutes Wort. Ich habe viele Ideen und bin immer schon beim nächsten Projekt. Vor allem, weil man immer up to date bleiben muss, wenn es darum geht, einen Song zu promoten. Besonders auf TikTok wird das sehr sichtbar, wie das vorangeht. Mit dem ersten viralen Video bin ich von ein paar hundert Followern auf 3000 gestiegen. Dann passierte erstmal lange nichts und irgendwann ging es mit den Gitarren-laden-Videos los, in denen ich mich als Anfänger ausgebe. Die sind komplett viral gegangen und dadurch bin ich jetzt bei über 70.000 Followern. Das war zwar nochmal ein großer Sprung, aber das hat sich alles organisch entwickelt und das ist, glaube ich, ein ganz gesunder Weg, mit wachsendem Erfolg oder Aufmerksamkeit klarzukommen, wenn es wirklich stetig und langsam wächst.

An der Stelle setzen wir den Punkt. Die Aussage finden wir besonders wertvoll, denn so viele Menschen träumen vom schnellen Erfolg und hören wieder auf, wenn ihre großen Erwartungen und Hoffnungen nicht schnell genug in Erfüllung gehen. Marlon nicht. Weil er nicht für den schnellen Erfolg, sondern vor allem zum Ausleben seiner Leidenschaft drangeblieben ist, und zwar kontinuierlich. Er hat wieder und wieder nach dem nächsten Schritt geschaut, den er gehen kann. So ist Marlons Weg entstanden. So ist sein heutiger Erfolg gewachsen. So versucht er sich kreativ und offen die Zukunft zu gestalten, die er sich wünscht.

Er hat nicht nur akzeptiert, dass der Weg bis dahin lang sein darf – er hat es geschafft, sich schon jetzt darauf freuen zu können, was unterwegs passieren wird, was ihm für Ideen kommen werden, wem er begegnet und was er aus jeder einzelnen Erfahrung mitnehmen kann, um wieder einen Schritt weiterzukommen. Danke Marlon für den Einblick in deine Gedankenwelt und wie cool, dass du sogar den passenden Soundtrack für deinen Artikel parat hast!

Also unser Tipp: Am besten gleich mal „Aufgewacht" von Marlon Hammer anhören!

Man kann alles,
wenn man es
nicht nur träumt.

TOM SUCKOW (15)

Mitten in Düsseldorf steigt Tom mit seiner Schulklasse in die U-Bahn ein – genau dort, wo wir gerade stehen. Ziemlich verrückt schon wieder, denn noch sind wir gar nicht auf dem Weg zu ihm, sondern für ein kurzes Wiedersehen mit Klara und Felix Nölle (Ausgabe #2) und ihren Eltern verabredet, die genauso zufällig in unmittelbarer Nähe von Tom wohnen. In dem Moment spüren wir schon, dass eine Geschichte, die so beginnt, ein richtig gutes Zeichen ist.

Interview **Florian Saeling** Fotos **Marcel Ristau**

Wir sind uns vorhin zufällig begegnet. Stell dir vor, ich hätte noch nichts von dir gewusst und dich einfach so gefragt, wer du bist. Was hättest du gesagt?
Ich glaub, ich würde sagen: „Ja hi, ich war bei ‚The Voice Kids' dabei. Im Sommer stand ich dann noch auf der Bühne von Nico Santos, irgendwie total überraschend, und jetzt hab ich zwei eigene Songs, spiele ein paar Konzerte, mach mein Ding und genieße das Leben".

Okay, dann hätte ich ganz viele Fragen im Kopf und würde wissen wollen: Wie kommt man denn da hin und wo stehst du jetzt und wie machst du weiter? Also ich glaube, wenn du mir so etwas erzählen würdest, hätte ich schon große Lust, darüber zu reden.

Ja, das ist auch häufig so. Bei mir war das mit „The Voice" eine richtig spontane Entscheidung. Also ich weiß noch, ich saß hier in den Sommerferien in der Küche und hatte von allen Seiten mal gehört „Mach da doch mal mit!" und hab das immer so abgetan und das gar nicht wirklich gesehen, dass ich das irgendwann mal machen werde. Aber nachdem beim Charity Konzert an meiner Schule das Feedback so gut war, dass mir alle gesagt haben: „Du hast Talent. Das muss man fördern", war ich dann an dem Punkt, wo ich so dachte, ich mache es einfach. Dann habe ich mich angemeldet und muss sagen: Es war eine der besten Entscheidungen, die ich getroffen habe.

»GERADE DER ERSTE SONG IST NATÜRLICH SCHON EIN SCHRITT, DER ZIEMLICH VERLETZLICH MACHT.«

Der Grund, warum ich dich fast ein Jahr nach der Show angefragt habe, ist, dass du jetzt deine Gedanken zu eigener Musik verarbeitest und damit deinen Weg gestaltest. Das interessiert mich total, wie du das machst und was du noch vor hast.

Das machen auch tatsächlich aus meiner Erfahrung die wenigsten.

»DER HYPE DER SHOW IST IRGENDWANN VORBEI UND DAS SCHWIERIGE, ABER AUCH DAS WICHTIGE IST, DANN EINFACH WEITERZUMACHEN.«

Bei mir war's so, dass ich davor schon einen Song geschrieben hatte, der da aber noch voll in der Entwicklungsphase war. Dann habe ich die Gefühle in Songs gepackt, die mich bewegt haben und jetzt ist der dritte Song gerade fertig geworden. Mein Producer hat mir vorhin den Link geschickt und ich bin jetzt wieder ganz aufgeregt, weil ich den gerade gehört habe und sehr cool finde.

Musstest du dich erst dazu überwinden, etwas so Persönliches aus deiner Innenwelt nach außen zu lassen?

Schon. Also wenn man natürlich so einen Song schreibt, der über die eigenen Gefühle berichtet, war ich dann schon so: Oh jetzt hören die Leute, wie ich hier- oder darüber denke und was mich in dem Moment bewegt. Aber das trägt vielleicht auch dazu bei, dass die Zuhörer besser mit ihren Gefühlen klarkommen.

Das ist ja irgendwie auch immer die Hoffnung, die da ein bisschen mitschwebt, dass man vielleicht anderen Menschen hilft, deren Gefühle auch besser verarbeiten zu können. Gerade der erste Song ist natürlich schon ein Schritt, der ziemlich verletzlich macht, wenn man sehr offen über seine Gefühle spricht. Aber das fühlt sich auch gut an irgendwie, dass das alles dann mal rauskommt und dass man es mal gesagt hat.

Das Thema Verletzlichkeit habe ich auch für heute mitgebracht. Weil ich finde, das macht deine Musik auch aus. Bei Musik, die ich mag, ist das fast immer so, dass Leute etwas ganz Persönliches aus ihrer Gedankenwelt teilen und echte Gefühle verarbeiten, weil man das ja auch merkt, wenn das nichts Herbeigeführtes ist.

Ja, bei mir war es auch so. Ich hab halt den ersten Song geschrieben, einfach aus mir heraus. Das war jetzt der zweite, der rausgekommen ist und der ist ja ein Lovesong, bei dem im letzten Part klar wird: Du hast mich doch mehr verletzt als dass es mir gut getan hat. Man denkt dann halt so darüber nach und denkt: Ah ja, dann war ich verliebt und es war alles so schön. Und dann merkt man aber irgendwie: War gar nicht so gut für mich.

Das ist schon so ein Gedankenwechsel, den ich im „Don't you see" krass fand – erst auf dieser rosaroten Wolke und dann plötzlich so eine Kehrtwende. Und das war auch wirklich so, dass ich so einen Moment hatte. Also ich finde auch, ein Song muss persönlich sein. Wenn man über irgendwas schreibt, was man selbst gar nicht erlebt hat, finde ich das ein bisschen schwierig. Das ist halt so unpersönlich wie ein Märchen, was man sich ausdenkt und erzählt. Das kann auch schön sein, aber es ist dann halt fiktiv und nicht das, was einen gerade bewegt hat.

»WENN MAN MIT HERZBLUT BEI EINEM HOBBY IST, DANN KANN MAN ES DA AUCH RELATIV WEIT SCHAFFEN, WEIL MAN SICH MIT DEM GANZEN LEBEN DA REINSETZT.«

Was inspiriert dich? Also was würdest du in Songs verpacken, nachdem du etwas erlebt hast?

Liebe und Herzschmerz eigentlich immer. Das ist nicht einfach, darüber zu schreiben, aber immer aktuell. Und wenn man einmal in diesen Schreibfluss kommt, dann denkt man über die eine Person nach und beschreibt, wie man sich selbst in dessen Anwesenheit verhält oder wie man sich wahrnimmt. Das ist so ein Thema, was mich sehr bewegt und es tut auch gut, darüber zu schreiben. Das Gute daran ist, dass niemand wirklich zu 100% weiß, wer gemeint ist – in den meisten Fällen – weil ich die Songs schon vor einer Weile geschrieben und dann noch einen neuen Aspekt mit eingebracht habe, der kürzlich erst passiert ist. Ich glaube, viele denken, dass das vor einer Woche passiert ist oder so gefühlt, aber gerade in „Don't you see" ist es wirklich schon eine lange Zeitspanne.

Was ist das schönste an deiner Musik?

Das ist das Gefühl. Also ich versuche schon in meine Songs so viel Gefühl zu bringen wie es geht. Wenn man einen Song hört, merkt man glaube ich, dass ich selber mit der Situation zu tun habe und dass ich das auch alles ernst meine.

Voll schöne Antwort und ich find's auch super wertvoll, dass deine Musik dadurch ein Stück weit den Weg wiedergibt, den du gegangen bist. Was bedeutet es denn für dich, den eigenen Weg zu gehen?

Für mich persönlich bedeutet mein eigener Weg, dass ich mein Ding mache und so bleibe, wie ich bin. Also dass ich mich nicht verändere, verstelle oder verbiege für irgendeine Person, sondern einfach das mache, was mir Spaß macht. Das ist jetzt Musik und dann mach ich jetzt auch Musik.

Ich gehe jetzt im Sommer für ein Jahr nach Amerika an eine Musik High School und da versuche ich dann auch ein paar Konzerte spielen zu können. Das wäre natürlich mega cool, wenn ich dann auch internationaler auftreten kann. Und ja, ich mach einfach weiter. Das Künstlerleben ist ein Dauerlauf, kein Sprint.

Gibt es jemanden, der einen besonders postiven Einfluss darauf hat, dass du auf deinem Weg weiterkommst?

Meine Mutter hat einen sehr positiven Einfluss auf mich. Sie ist so ein bisschen meine Managerin und seelische Unterstützung. Sie beschäftigt sich auch damit, wie man nach einem Konzert am besten runterkommt, um nicht in ein Loch zu fallen. Wenn man erst von Menschenmengen gefeiert wird, dann fühlt man sich anschließend vielleicht total alleine und da muss man dann gucken, dass man sich noch mit Freunden oder Familie trifft, was zusammen spielt und einfach einen schönen ruhigen Abend hat.

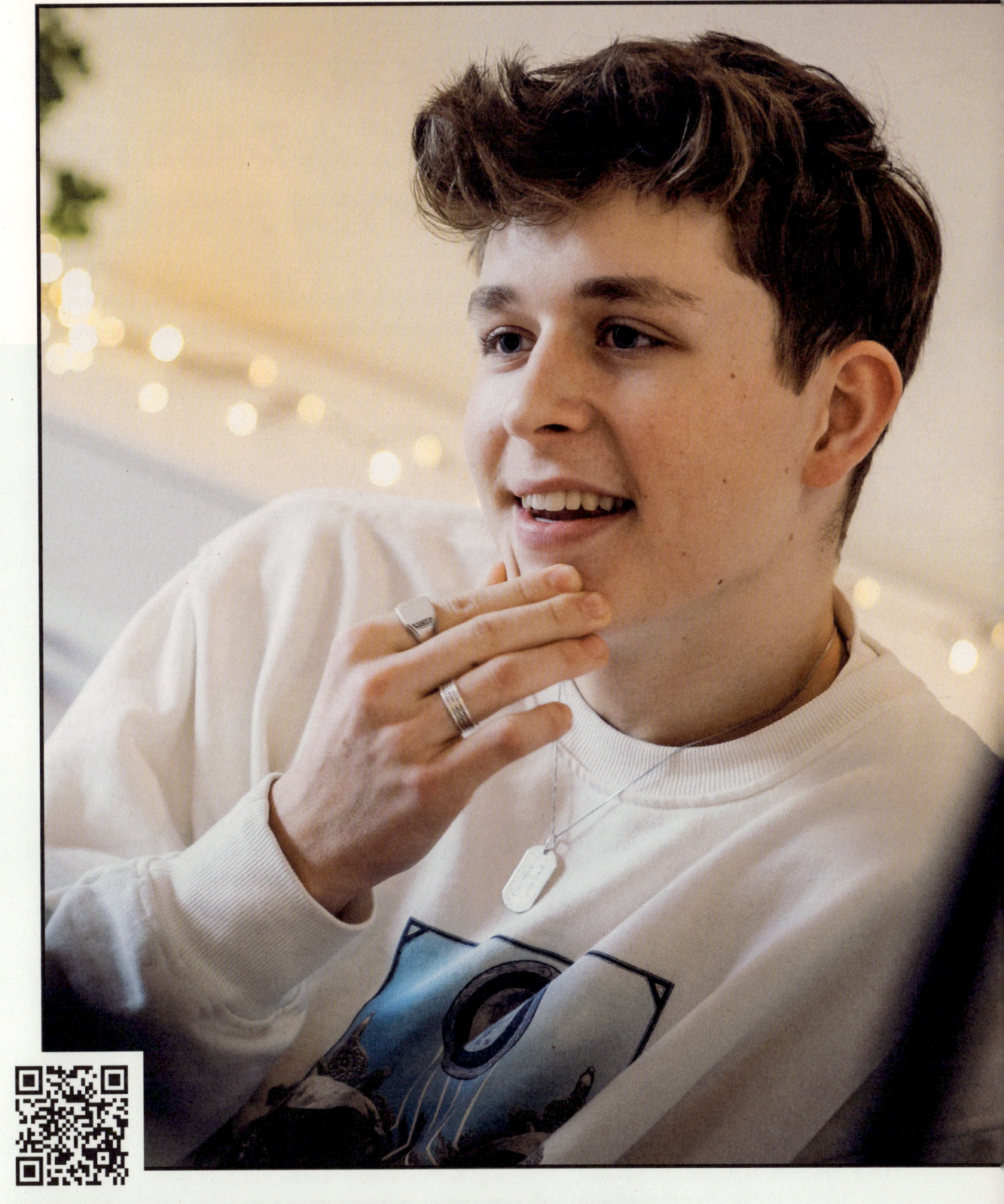

»MEIN EIGENER WEG IST DER WEG, DEN ICH GEHE, OHNE MICH ZU VERBIEGEN.«

»ICH BIN RICHTIG FROH, DASS ICH JEDEN SCHRITT GEGANGEN BIN.«

Ein Thema möchte ich noch aufmachen. Es geht um Herausforderungen. Welche sind denn die Wichtigsten, denen du in deinem Leben begegnet bist?

Die erste und eigentlich größte Herausforderung war es, mich mit meiner Musik öffentlich zu zeigen, also beim Charity Konzert ganz am Anfang. Mein ganzes soziales Umfeld war da und die wussten teilweise gar nicht, dass ich singe. Ich weiß noch, ich hab mit meiner Mutter ganz viel darüber gesprochen, weil ich so meinte: „Ach, ist doch voll peinlich irgendwie vor der ganzen Schule", aber dann hat sie mich so motiviert und aufgebaut, dass ich es doch gemacht habe.

Dann war es noch einen Schritt mehr, zu „The Voice Kids" zu gehen. Weil da spielt natürlich immer der Gedanke mit: „Was, wenn sich keiner umdreht?" Das ist eine Entscheidung, die man treffen muss, dass man das Risiko eingeht und sich sagt: „Ich gehe jetzt meinen Weg und wenn es dort nicht klappt, dann gehe ich irgendwo anders hin". Es ist häufig so, dass man einen Niederschlag als Risiko in Kauf nehmen muss, aber es kann halt auch komplett das Gegenteil sein und sich zum Megapositiven entwickeln.

Und nochmal so ein Schritt war es dann, eigene Songs an die Öffentlichkeit zu bringen, weil ich so dachte: „Was ist, wenn sich jetzt Leute über meine Gefühle lustig machen?" Das kann ja auch passieren und das war wieder eine Herausforderung, die ich erstmal überwinden musste. Aber es hat sich gelohnt. Ich bin richtig froh, dass ich jeden Schritt gegangen bin. Ich bereue keine einzige Entscheidung, die ich getroffen habe, weil irgendwie wächst man durch Herausforderungen total stark und das macht einen zu dem Menschen und zu dem Künstler, der man ist.

Würdest du sogar sagen, dass man nur dadurch wächst, indem man Risiken eingeht und Herausforderungen annimmt?

Ja schon. Ich finde, wenn man groß werden will, muss man immer irgendein Risiko in Kauf nehmen. Es gibt ja auch viele Musiker, die mit allem, was sie hatten, nur noch Musik gemacht haben und dadurch so groß geworden sind. Was ich auch noch finde, ist, dass man durch Kritik wächst. Ich bin ein riesen Fan von konstruktiver Kritik, weil man verbessert sich nie, wenn einem niemand sagt, dass man das und das besser machen kann. Also ich bin immer total dankbar darüber und alle in meinem Umfeld wissen auch, dass ich Kritik total kostbar finde, weil das ist etwas, das ganz wichtig und entscheidend ist, um zu wachsen.

Musstest du das erst lernen, dass du Kritik so gut annehmen kannst?

Ja, ich fand am Anfang Kritik doof, weil es mich heruntergezogen hat und ich dachte, ich kann das nicht. Aber dann habe ich gemerkt, das stimmt gar nicht.

»DIE KUNST IST, KRITIK NICHT ALS NIEDERSCHLAG, SONDERN ALS VERBESSERUNGSMÖGLICHKEIT ZU SEHEN.«

»Wenn man groß werden will, muss man immer irgendein Risiko in Kauf nehmen.«

Tom S.

Der Satz hallt noch lange in mir nach. Es ist das 32. Interview und ehrlich gesagt dachte ich bis hierhin eigentlich, mir wäre längst klar geworden, dass es genau solche Gedanken sind, die den Unterschied machen und die Weichen frühzeitig auf Erfolgskurs stellen. Ich dachte auch, mich überrascht es nicht mehr, dass alle großen Geschichten, von denen Tom erzählt hat, beinahe nicht passiert wären, hätte er sich von seiner inneren Stimme davon abhalten lassen. Aber Tom gibt uns mindestens einen Grund mehr, wofür es sich lohnt, weiter auf dieser Reise zu sein.

Danke, dass du hier bist und deine Gedanken teilst! Du hast erkannt, was du brauchst, um für deine größten Träume losgehen zu können. Wir wünschen dir die aufregendste Zeit in den USA und werden deine nächsten Schritte ganz sicher verfolgen.

Heute schreibe ich etwas wirklich Wichtiges in mein Notizbuch: Erst dann, wenn du noch ein bisschen stärker bist als dein stärkster Zweifel, kann der nächste große Schritt auf deinem Weg folgen.

Geht euren Weg,
macht das, was euch
Spaß macht und
hört in meine Musik
rein :)

Tom Suckow

ELISSA HAMURCU (18)

Es ist Montagvormittag und wir sind mit Elissa im Coworking-Space verabredet. Sonst um die Zeit trifft man sie wohl eher in der Uni. Aber gut, dass sie für uns ebenso eine Ausnahme macht wie für ihre große Leidenschaft: Die Comedy. Dafür packt sie ihren Kalender am liebsten randvoll. Wer so oft auf der Bühne steht, braucht immer etwas zu erzählen. Inspiration bietet das Leben in Berlin ganz sicher genug. Wie nun aber aus Elissas alltäglichen Erfahrungen Jokes werden, das finden wir vielleicht heute heraus.

Interview **Florian Saeling** Fotos **Marcel Ristau**

Wären wir heute nicht verabredet und ich hätte dich einfach an der S-Bahn-Station gefragt, wer du bist und was du machst – was würdest du über dich erzählen?

Ich würde sagen: „Ich bin Elissa. Ich mach Comedy und ich versuche, Menschen zum Lachen zu bringen mit dem, was ich mache."

Bekommst du in Begegnungen draußen oft gesagt: „Erzähl mal einen Witz"?

Ja, ganz oft und das geht halt nicht. Ein Witz besteht aus einem Setup und einer Punchline und das heißt also, dass du jemanden erstmal zu einer Sache hinführen musst und dann am Ende das Lustige kommt. Das würde in so einer Situation draußen ja gar nicht passen.

Wie kam es überhaupt dazu, dass du auf die Bühne gegangen bist?

Vor der Comedy habe ich Poetry Slam gemacht, aber das war nicht meins. Ich habe mich da nicht so richtig gefühlt. Auf der Bühne hat es mir gefallen, aber ich wollte irgendwie woanders hin. Mit Poetry Slam hatte ich einfach angefangen, weil mir langweilig war. Ich hatte nicht so viel zu tun, habe meine Schulsachen gemacht, war sonst aber fast die ganze Zeit nur zu Hause. Also ich habe nicht dieses krasse Leben geführt und jeden Tag irgendwo Party gemacht mit meinen Freunden.

»ES WAR EINFACH DIE LANGEWEILE UND DIESER DRANG, IRGENDWAS ZU MACHEN, WO ICH MICH ZEIGEN KANN, WO ICH LEUTE ZUM LACHEN BRINGEN UND AUCH ERREICHEN KANN.«

Aber es gäbe ja noch unzählige andere Möglichkeiten gegen die Langeweile. Wie bist du ausgerechnet auf Poetry Slam gekommen?

Ich saß auf der Couch mit meinen Eltern. Wir haben die „heute-show" geguckt und ich habe mich gefragt, wie der jüngere Reporter es geschafft hat, da hinzukommen. Dann habe ich ihn gegoogelt und gesehen, dass er mit Poetry Slam

angefangen hatte und dass es auch in meiner Nähe einen U20 Slam gab. Dann habe ich einfach angefangen, einen Text zu schreiben und habe da mitgemacht. Ich war eigentlich gar nicht der Mensch, der sich auf eine Bühne getraut hätte, weil ich ziemlich schüchtern war und es eigentlich privat auch immer noch bin. Im Poetry Slam war ich auch noch komplett ein anderer Mensch, weil ich versucht habe, mich den anderen dort anzupassen. Ich glaube, das war der falsche Weg.

Seitdem ich vor anderthalb Jahren im Quatsch Comedy Club bei einem Wettbewerb mitgemacht habe, wollte ich dann das komplette Gegenteil sein, wirklich Elissa sein. Ab da ging es auch eigentlich die ganze Zeit auf die nächste Comedy Bühne und jetzt gerade bin ich auf dem Weg, das zu machen, was ich wirklich will und mein Programm ändert sich gerade komplett. Also meine Witze werden so, wie ich sie schreibe und wie ich sie auch selbst lustig finden würde.

Welche Erlebnisse inspirieren dich, neue Jokes zu kreieren?

Irgendwie alles. Ich liebe es rauszugehen und einfach alles um mich herum zu beobachten. Mein Kopf rattert die ganze Zeit und ich denke immer darüber nach, ob man irgendwie daraus einen Witz machen kann für die Bühne. Ich finde, dass mich jede Erfahrung geprägt hat – egal ob negativ oder positiv – und dass Humor und Comedy die beste Methode ist, etwas Erlebtes zu verarbeiten.

Hast du Beispiele aus deinem Leben, wie dir das mal geholfen hat, etwas Erlebtes zu verarbeiten?

Also was mir direkt einfällt: In der Schule ist von der ersten bis zur 12. Klasse nichts Gutes passiert. Ich habe zwar gute Noten bekommen, aber verbinde nur schlechte Erfahrungen mit der Schule und bin glücklich, dass ich da raus bin. Statt jetzt aber zurückzudenken und zu sagen, was alles schlimm war, mache ich aus den schlechten Erfahrungen etwas Lustiges. Ich glaube, das ist wichtig, so zu denken.

»MAN IST JA KEIN HELD, WENN MAN JEMAND ANDEREN RUNTERMACHT.«

Ein anderes Beispiel sind Vorurteile. Auch die verpacke ich lustig, weil ich denke, dass man so Leute erreicht, um über Rassismus und Diskriminierung zu sprechen. Aber nicht, damit Leute Mitleid haben, sondern nur, damit sie reflektieren können, wie sie selber darüber denken.

Man merkt auch, dass jeder das anders aufnimmt, wenn ich sage: „Ich bin aus Neukölln". Ich lebe schon mein ganzes Leben da mit meiner Familie, immer noch in der Wohnung, wo ich auch als Baby gelebt habe. Wir sind nie umgezogen und ich finde das cool, dass man immer irgendwen mit lustigen Storys aus Neukölln erreicht. Das ist auch wichtig, irgendwen zu erreichen mit dem, was man macht, wenn es sich richtig anfühlt.

Ist es denn eher einfach oder schwierig, einen Einstieg in die Standup-Comedy zu finden?
Es ist einfach, auf eine offene Bühne zu gehen, weil es gibt genug in Deutschland oder irgendwo anders, wo Leute ihr Programm zeigen können. Aber viele Newcomer siehst du einmal und dann nicht mehr, weil sie versuchen, sich in eine Opferrolle zu stecken und einen Feind suchen – und das ist ja nicht lustig. Man muss mit sich selbst zufrieden sein, um andere Personen nicht schlecht zu machen.

Das ist auch eine Erkenntnis, die wir oft aus unserer Reise mitgenommen haben: Wenn du selbst in deiner Stärke bist, also wirklich machst, was du liebst und worin du gut bist, dann willst du andere gar nicht herunterziehen. Dann bestärkst du sie viel lieber auf ihren Wegen.
Das ist leider sehr krass in der Comedy-Szene. Man denkt ja, die sind alle voll lustig und so, aber viele denken auch konkurrenzmäßig, wollen schnell erfolgreich und die besten sein. Ich verurteile sie nicht, weil jeder hat seinen eigenen Weg, aber dieses Konkurrenzdenken finde ich ein bisschen fehl am Platz in der Comedy-Szene, weil jeder kann ja auf seine eigene Art bekannt werden und ich checke nicht, warum man dann als einzige Person erfolgreich werden will.

»ICH HABE KEINEN PLAN, WAS ES IST, ABER DA KANN NOCH SO VIEL MEHR KOMMEN UND ICH WILL WISSEN, WAS ES IST.«

Ich glaube auch, dass Menschen gerade deshalb erfolgreich sind oder werden, weil sie sich gegenseitig supporten.

Ja, und bei mir ist das auch so. Wenn ich jemanden sehe, der was anderes macht, supporte ich das noch viel mehr. Ich versuche auch anders zu sein und irgendwie scheint es ja Leuten zu gefallen. Ich weiß, dass ich Comedy mache, aber sonst habe ich keine Ahnung. Also ich bin hier und ich weiß nicht, was ich als nächstes sagen will. Ich hab keinen Plan. Wenn die Leute manchmal wüssten, dass ich nicht mal weiß, was ich als nächstes sagen werde, das würde die ja verrückt machen. Ich habe zwar mein Material, was ich spielen könnte, aber oft fange ich auch einfach an zu freestylen.

Welchen Rat würdest du jemandem geben, der gerade damit anfängt?

Ich würde sagen: Schreib nicht nur für andere Leute. Schreib, was du lustig findest. Mach das, womit du dich gut fühlst und geh erstmal nicht davon aus, dass es krass wird. Geh nicht davon aus, dass du bekannt wirst und die Leute direkt richtig lachen, sondern zieh durch, wenn es sich gut anfühlt. Ich habe am Anfang leider oft den Fehler gemacht zu denken, die Leute wollen bestimmt das und das hören und deswegen sag ich jetzt das und das. Aber jetzt denke ich, ich selbst muss mich auch lustig finden.

Was treibt dich an, deinen Weg zu gehen?

Ich gehe immer nach meinem Bauchgefühl. Bei der Comedy weiß ich, mein Bauch sagt: „Ja, mach das weiter". Ich habe keinen Plan, was es ist, aber da kann noch so viel mehr kommen und ich will wissen, was es ist. Ich weiß ja nicht, was die nächste Anfrage ist. Ich weiß nicht, wo ich als nächstes hingehe. Also einfach nicht zu wissen, was der nächste Schritt ist – das ist es, was mich so ansport. Und mich treibt auch an, dass ich oft

unterschätzt werde. Voll viele denken, ich bin richtig dumm. Aber ich bin ja nicht dumm, weil sonst wäre ich nicht da, wo ich jetzt bin. Ich habe ein gutes Abi gemacht und bin mittlerweile an einem Punkt, wo ich mir sage: „Okay, ich weiß selber, ich bin nicht dumm und ich weiß, was gut für mich ist". Das ist das, was für mich jetzt gerade zählt.

»WEIL, SOLANGE DU NICHT MIT DIR SELBER KLARKOMMST, WIRST DU AUCH NICHT WEITERKOMMEN.«

Was ist dir noch wichtig zu sagen?

Ich finde es für die Jüngeren wichtig zu sagen, dass im Kopf alles viel größer ist als es dann im echten Leben eigentlich ist. Ich habe mir so viele Sorgen gemacht, was ich nach meinem Abi mache und jetzt mache ich irgendwas, studiere nur nebenbei, weil ich etwas gefunden habe, was mir Spaß macht. Vielleicht finden das nicht alle in der Schulzeit, nicht gleich nach dem Abi, aber vielleicht wenn sie 25 sind, wenn sie 30 oder 40 sind.

Und für Eltern ist es einfach wichtig, dem Kind zuzuhören. Meine Eltern haben mir zugehört, haben gehört, was ich machen will und haben mich unterstützt. Ich weiß, dass es Kinder gibt, die diese Unterstützung nicht kriegen und vielleicht liest das jetzt irgendein Elternteil und geht einfach gleich mal zu seinem Kind und fragt „Was geht ab in deinem Leben? Was geht ab in deinem Kopf?" Weil oft ist es doch so, dass man einfach nur gehört werden will – ob es auf einer Bühne ist oder von den Eltern.

ELISSA 🙂

Zum Glück habe ich die letzte Frage noch gestellt, denn vielleicht können Elissas Aussagen ja tatsächlich dazu beitragen, dass zumindest ein paar Menschen einmal mehr zuhören. Ich wünsche es mir sehr, denn ich finde, einander zuzuhören, um die großen Lebensthemen, Bedürfnisse und Wünsche einer anderen Person zu erkunden, ist das schönste Rätsel der Welt und die vielleicht wirkungsvollste Fähigkeit überhaupt.

Zwei Dinge nehme ich aus dem Gespräch noch mit. Erstens fasziniert mich das Gefühl, das Elissa als ihren Antrieb beschrieben hat: Zu spüren, da ist irgendetwas Großes im Kommen und nun mit jedem ihrer

nächsten Schritte herausfinden zu wollen, wann, wo und wie es in ihr Leben kommt – das ist definitiv das Gegenteil von Langeweile, mit der ihr Weg in die Comedy ursprünglich begonnen hat. Zweitens bleibt mir das Thema Konkurrenzdenken im Kopf. Denn das, was sie erzählt hat, gibt uns wieder einen Grund mehr, wofür wir uns auf den Weg gemacht haben. Deshalb steht heute auch ein Satz mehr in meinem Notizbuch:

Das Leben macht mehr Spaß, wenn wir uns gegenseitig inspirieren, weiterzukommen und weiterzuwachsen.

ZIEH DURCH WENN'S SICH RICHTIG ANFÜHLT

-ELISSA HAMURCU

JONAS KAUFMANN (20)

Wir besuchen Jonas in Berlin. Als er uns die Tür öffnet, fühlt es sich an, als würden wir uns schon längst kennen. Dabei ist es noch nicht lange her, dass wir von ihm erfahren haben – und auch von seinem Dokumentarfilm „Der Kern, der dich zusammenhält". Darin erzählt Jonas gemeinsam mit Kameramann Mats Maas seine persönliche Geschichte, die zu Beginn des Angriffskrieges auf die Ukraine passiert ist. Schon während wir den Trailer sehen, wollen wir unbedingt mehr darüber wissen, wie Jonas den Film verwirklicht hat und vor allem, wie er heute selbst seine Kernfrage beantwortet: Wer bist du, wenn nichts mehr ist?

Interview **Florian Saeling** Fotos **Marcel Ristau**

Wenn ich noch nichts über dich wüsste und du nichts über mich und ich dich mitten in Berlin einfach mal frage „Wer bist du und was machst du am liebsten?", was würdest du mir erzählen?
Ich glaube, ich würde kurz stutzen aufgrund dessen, dass mir die Person fremd ist. Aber wenn ich ganz frei heraus sprechen würde, würde ich sagen: „Ich bin ein junger, ambitionierter Kunstinteressierter auf der Suche nach Werten und Handlungen für ein gutes Morgen".

Wow, dann hätte ich Fragen im Kopf.
Da hätte ich auch selber Fragen im Kopf, wenn ich wieder zu Hause bin.

Ich würde denken, da muss noch so viel mehr dahinter stecken und würde dann richtig gerne mehr ins Gespräch eintauchen. Also lass uns das machen. Womit beschäftigst du dich gerade?
Ich bin in der Filmbranche unterwegs, spiele vor der Kamera seit ich 14 bin. Vor rund zwei Jahren bin ich noch auf die andere Seite gewechselt und habe angefangen, Regie zu führen, eigenständig Filme zu schreiben und experimentiere ganz viel mit dem Medium Film, inwiefern das zur Krisenbewältigung helfen kann und inwiefern Kunst ein Mittel ist, um ein besseres Verständnis über die Gesellschaft, sich selbst und unsere Umwelt zu bekommen.

»DER FILM HAT MIR PERSÖNLICH EXTREMST GEHOLFEN, MIT DIESER KRISE EINEN UMGANG ZU FINDEN.«

Ich finde, gerade Filme haben großes Potenzial, Menschen zum Nachdenken anzuregen. Was willst du selber mit deinen Filmen bewegen?

Mit dem Medium Film, so wie ich es bislang verstanden habe, erzählen wir Geschichten von Mensch zu Mensch, eben genau darüber, was es bedeutet, Mensch zu sein. Ob ich am Ende mit meinen Filmen Menschen bewege, das liegt jedoch nicht in meiner Hand. Ich habe neulich erst verstanden, dass ich heute nicht so denken würde wie ich denke, nicht so wäre wie ich bin, ohne diesen Dokumentarfilm. Der Film hat mir persönlich extremst geholfen, mit dieser Krise einen Umgang zu finden – und gleichzeitig eben auch diese Erkenntnis darüber gegeben, dass das eine Reise ist, die man teilen kann, um somit auch anderen Leuten das Angebot zu machen, ihren Umgang zu finden. In dem Moment jedoch, wo der Film auf die Leinwand kommt, ist mein persönlicher Bezug zweitrangig. Es wird zu einer gemeinsamen Erfahrung.

Natürlich gibt es ganz viele gesellschaftliche Themen, worüber man einen Film drehen könnte. Aber super, super wichtig ist: Es sollte etwas Persönliches sein. Die Ausgangsstelle sollte immer die eigene innere Krise sein. Ich glaube nicht, dass ich gute Filme machen kann, indem ich rein im Außen eine Krise oder einen Missstand beobachte und ihn dann adressiere. Ich glaube, dass vor allem im künstlerischen Prozess dieser Selbstbezug essentiell ist. Und den hatte ich eben dadurch, dass ich nie geplant hatte, diesen Film zu machen, sondern einfach selber vor Ort war und gemerkt hab, was diese zwei Wochen an der polnischen Grenze mit mir gemacht haben. Das war natürlich meine Seite der Geschichte und dann gab es noch Roman, der ja noch viel länger an der Grenze war, der aus der Ukraine kam,

der eigentlich noch seine ganze Reise vor sich hatte. Diese zwei persönlichen Bezüge haben, glaube ich, am Ende dazu geführt, dass diese Geschichte nicht nur eine Geschichte darüber ist, wie wir als Gesellschaft oder als Generation einen Umgang mit dem Krieg finden können, sondern wie wir auch mit persönlichen Krisen in uns drin einen Umgang finden können. Ich glaube, das bedingt sich. Deswegen kann ich gerade gar nicht benennen, welche Missstände ich als nächstes per Medium Film adressieren möchte. Gesellschaftliche Spaltung, Rechtsruck, Gender Inequality – ich kann die alle benennen, glaube aber: Erst dann, wenn ich diesen persönlichen Bezug herausfinde, bin ich in der Lage, eine erzählenswerte Geschichte auch wirklich zu erzählen.

Okay, dann lass uns doch gerne da mal reingehen. Was hat dich bewegt, an die polnisch-ukrainische Grenze zu fahren?

»DIESE GANZE REISE IST AUS DER OHNMACHT HERAUS ENTSTANDEN UND AUCH AUS SO EINER WUT GEGENÜBER DER OHNMACHT.«

Zu Hause liegen, Handy scrollen und die ganzen Kriegsbilder sehen, die meinen Gefühlszustand verschlechtert haben – ich denke, das ist eine Situation, die haben viele erlebt. Ich kann das gar nicht genau betiteln, aber irgendwie sagte ich mir wie ein trotziges Kind „Nein, so mach ich nicht weiter" und dann habe ich den Entschluss gefasst, dahin zu fahren. Erst an der Grenze habe ich verstanden, was meine Intention dahinter war: Das Bedürfnis, diese Krise zu verstehen.

»DAS WAR ALLES SEHR IMPULSIV. KOMPLETT NAIV. GAR NICHT RICHTIG DURCHDACHT.«

Also bist du gar nicht dorthin gefahren, um den Film zu drehen, sondern um zu helfen und zu verstehen?

Genau. Ich wollte dahin, ich wollte vor Ort sein, ich wollte meine Zeit irgendwo sinnvoll nutzen, weil es ja auch ein extrem privilegierter Zustand ist, dass ich nach meinem Abi zu Hause sitzen kann und noch Zeit habe, bis ich mich für ein Studium einschreibe. Das hat mir einfach nicht gefallen, dass ich in meinem Bett liege, während zwei Länder weiter Menschen eine ganz andere Lebensrealität haben. So kam das dann dazu.

Es war so 8 Uhr abends, als ich in einem Video der Tagesschau gesehen habe, dass es Menschen gibt, die ganz freiwillig an die Grenze fahren und helfen. Die Idee war ausschlaggebend und dann hat es fünf Minuten gedauert bis ich die erste Nachricht formuliert hatte an den Vater eines Kumpels, der eine Autowerkstatt hat, um zu fragen, ob er nicht irgendwie eine Art von Bulli oder so hat, die er uns für eine Hilfsaktion zur Verfügung stellen könnte. Und dann habe ich in diesem Moment sehr lange darüber nachgedacht, ob ich die Nachricht abschicke oder nicht. Weil ich wusste, es ist eine Kleinstadt und wenn man so eine Nachricht abschickt, dann macht es vielleicht schon seine Runde.

»DANN HABE ICH ES ABGESCHICKT UND WUSSTE: JETZT GIBT ES KEIN ZURÜCK MEHR.«

Wie bist du dann darauf gekommen, den Film zu drehen?

Der Film entstand erst, als wir wieder zurückgekommen sind. Mit auf dieser Reise war auch Mats Maas, ein sehr guter Kumpel von mir. Der ist auch in der Filmbranche und so hatten wir beide schon den Bezug. Dass wir dann am Ende genug Material hatten, hat uns erstmal nur auf den Gedanken gebracht, vielleicht ein YouTube Video daraus zu machen. Und dann – wie es der Zufall, das Schicksal, das Universum so wollte – klingelte mein Handy und eine Regisseurin von Schloss Einstein rief mich an, Franziska Pohlmann, die einfach nur fragte, wie es mir geht und was ich mache.

Ich habe ihr davon erzählt, dass ich gerade ein Video schneide und sie sagte „Bevor du das machst, schick es mal rum". Dann rief sie mich nach Sichtung des Materials zurück und meinte „Jonas, lass uns einen Film daraus machen". Das war eigentlich erst der richtige Kickstart. Wir wurden dann auch vom Land Niedersachsen gefördert und erst dann habe ich verstanden: Hier ist viel mehr Potenzial drin. Weil bis dato war das ja alles nur reportagenartiges Material und daraus wurde dann aber eben diese persönliche Story, wie junge Menschen den Umgang mit der Krise finden.

Das erinnert mich gerade an die Story von Nono Konopka und Max Jabs, die mit dem Fahrrad von Berlin nach Peking gefahren sind, um Spenden zum Bau einer Schule in Guatemala zu sammeln. Dabei haben sie für Social Media so viel gefilmt und es gab so viele Begegnungen und Geschichten unterwegs, dass sie daraus die Doku „Biking Borders" kreiert haben, die erst auf Netflix und später dann auch auf anderen Plattformen so erfolgreich war, dass inzwischen sogar schon sechs Schulen finanziert sind.

Ist es auch euer Ziel, mit dem Film auf Streamingplattformen zu kommen?
Wir sind mit einigen im Gespräch und das Ziel ist auf jeden Fall, den Film in die Mediathek zu bringen, weil wir uns gedacht haben, es muss möglichst vielen zugänglich sein. Wir sind jetzt auch Teil der Schulkinowochen in Niedersachsen und Brandenburg. Morgen fahre ich zum Beispiel nach Potsdam, um mit einer Gruppe Jugendlicher unseren Film anzugucken und darüber zu sprechen.

»ALLEIN DAS IST SCHON SUPER TOLL, DASS WIR DURCH DEN FILM DIE MÖGLICHKEIT HABEN, MIT JUGENDLICHEN INS GESPRÄCH ZU KOMMEN ÜBER DIE FRAGE: WIE GEHT ES DIR MIT ALL DIESEN KRISEN?«

»ES SIND DIE MENSCHLICHEN BEGEGNUNGEN, DIE UNS ZUSAMMENHALTEN.«

Was hast du im Produktionsprozess über dich gelernt, was du sonst nicht gelernt hättest?

Also ich habe vor allem gelernt durchzuhalten. Durchhalten ist das A und O. Ich habe auch gelernt, dass ich ein Mensch bin, der unfassbar viel, unfassbar schnell will – und das geht ja nicht immer so im Leben. Ich hatte während der ganzen Postproduktion genügend Punkte, um zu sagen: „Boah, Haken hinter, Command-A, alles auswählen, löschen, vorbei". Weil ich nie gedacht habe, dass es so aufwändig ist, einen Film zu machen.

Und ich habe gelernt, wie wichtig es ist, an seine eigenen Projekte zu glauben und dankbar für Freunde und Familie zu sein, die einen bei solchen Projekten unterstützen. Also der Film wäre nicht das geworden, was er jetzt ist, hätte ich nicht hin und wieder an all meine Freunde Sichtungslinks rausgeschickt, so nach dem Motto „Hey Leute, schaut doch mal rein und sagt, was ihr denkt", weil da waren ganz viele wichtige Gedanken dabei. Und hier schließt sich wieder der Bogen: Film ist keine „One Man Show", Film machen und erleben wir zusammen.

Und nun gibt es ja diese zentrale Frage im Film: Wer bist du, wenn nichts mehr ist? – Welche Antwort hast du selbst gefunden?

Dafür muss ich ein wenig ausholen. Wir haben jeden Tag Menschen in einem fünfstelligen Bereich ankommen gesehen. Jeder bringt unterschiedliche Dinge mit. Manche transportieren ihre Gegenstände in Koffern, manche nur in Tüten und manche kommen mit nichts. Ich glaube, es ist so nahbar, dass wir uns in dieser Gesellschaft viel über Gegenstände definieren – und das sind alles Dinge, die kann mir das Leben nehmen, und zwar in einer Geschwindigkeit wie ich sie niemals hätte erdenken können.

Das habe ich durch den Krieg insbesondere verstanden. Krieg ist Zerstörung der Dinge im Außen und da kommt eben die Frage auf: Was kann dir niemals genommen werden? Und somit beantworte ich die Frage mit: Es sind meine Werte, meine Ambitionen, meine Fragen, meine Wünsche und Hoffnungen, die mir nicht genommen werden können. Unseren Werten sind wir oft unsere eigenen größten Feinde. Deswegen muss ich da gut drauf aufpassen. Und ich denke, die Aufgabe ist es, genau das Bewusstsein wieder zu entwickeln und diese Werte ganz individuell auch wiederzuentdecken.

Glaubst du, das ist etwas, was euer Film kann?

Unser Film kann keine Antworten geben. Unser Film kann aber zu dieser Reflexion darüber einladen.

Ich weiß nicht, wie es dir damit geht, aber ich finde das, was Jonas erzählt hat, super faszinierend, weil es mir etwas bewusst macht: Das Leben braucht nicht viele Zutaten, um den Beginn einer großen Geschichte zu schreiben. Was es aber vor allem braucht, ist eine Herzensentscheidung, und zwar eine, die so stark ist, dass du gar nicht anders kannst als dich sofort auf die Reise zu begeben.

So naiv das im Nachhinein auch erscheinen mag – wenn du mich fragst, kann es in Momenten wie diesen nicht falsch sein, der Stimme des Herzens zu folgen. Deshalb ist es vielleicht auch nur folgerichtig, dass sie Jonas zur prägendsten Erfahrung seines Lebens geführt hat. Und während wir am Ende noch über gute Entscheidungen philosophieren, stelle ich ihm eine Frage, die mich in den letzten Jahren viel beschäftigt hat. „Fühlst du dich aktuell auf dem richtigen Weg?", frage ich. „Mehr denn je", antwortet er sofort und dann nach einer Denkpause weiter:

»Ich glaube, dass ich gerade noch auf einem Trampelpfad nebenan laufe. Aber das Gefühl, dass mein Weg ziemlich nah ist, war nie so klar. Wohin genau dieser Weg geht – keine Ahnung. Das will und muss ich gar nicht wissen. Aber dem nächsten Checkpoint bin ich recht nah. Und dann laufe ich weiter!«

MACH MAL

(es lohnt sich ☺)

!

Jonas Kaufmann

NOEL DEDERICHS (18)

In Köln sind wir mit Noel verabredet, genauer gesagt im 25hours Hotel The Circle. Während er gerade von der Schule dorthin kommt, stöbern wir schon mal wortwörtlich eine Runde durch die kreisförmige Lobby, die irgendwie eine Welt für sich ist. Denn wo sonst sieht man Hotelgäste Schallplatten hören, an Schreibmaschinen tippen und andere daneben in futuristischen Raumkapseln telefonieren? Uns gefällt der Stil und auch, dass in den Sitzbereichen Magazine liegen. Wir stellen uns kurz vor, wie wir dort beim nächsten Mal auch unsere neue Ausgabe finden. Dann sehen wir Noel durch die Tür kommen und holen ihn zu uns ins Co-Working Café.

Interview **Florian Saeling** Fotos **Marcel Ristau**

Ich hatte Nes (sie ist die Marketing Managerin hier im Hotel) vorab nur gesagt, dass wir ein Interview führen, aber nicht, dass du hierher kommst. Hätte sie dich also gerade gefragt, wer du bist und was du machst, was hättest du über dich erzählt?
Ich bin Noel Dederichs, 18 Jahre und noch Schüler. Ich mache gerade mein Abitur und vor allem mache ich aber professionellen Quatsch im Internet und verfilme den. Also ich drehe täglich Videos für alle Social Media Plattformen und lade das hoch.

Ach cool, dass du das gleich erzählst.
Das erzähle ich eigentlich meistens am Anfang.

Heute war ja ein ganz normaler Schultag. Wie sieht so ein typischer Tag in deinem Leben aus?

Ich stehe morgens auf und gehe zur Schule wie jeder andere Schüler auch, nur dass ich meinen Tag ein bisschen mehr durchtaktet habe. Also ich nutze die Pausen und die Freistunden und sitze dann meist eher da und schneide noch ein Video für den nächsten Tag, skripte irgendwas oder telefoniere noch, weil ich eine Location für ein Video brauche. Nach der Schule geht es nach Hause oder halt heute erst zu dem Interview und dann wird weiter Content gemacht. Das geht dann bis in den Abend rein, bis ich schlafe und dann beginnt es von vorne. So sieht ein Schultag aus, Hausaufgaben werden natürlich auch gemacht. Da lege ich viel wert drauf. Aber meist mache ich die schon in der Schule.

Alle kennen dich wahrscheinlich in der Schule. Konntest du dich langsam daran gewöhnen oder kam das schlagartig?

Ich habe schon jahrelang Videos gemacht und deshalb wusste meine Klasse und die ganze Stufe eigentlich schon, der macht YouTube Videos und ein bisschen was auf TikTok. Aber dann gingen 2022 immer mehr Videos viral. Immer mehr Leute haben das gesehen und dann haben mich auch immer mehr in der Schule erkannt. Über die Sommerferien wurde es dann ziemlich groß. Die neue Generation an Fünftklässlern war dann natürlich direkt so „Ey, wie krass!", aber dann hat sich das irgendwie normalisiert und jetzt ist jeder cool damit und es gibt auch nicht mehr so viele negativen Sprüche wie es am Anfang war, sondern es ist viel mehr eine Community geworden.

Wurdest du am Anfang viel belächelt?

Am Anfang mit ein paar hundert oder tausend Followern muss man immer da durchgehen. Erst kommt der Schritt, wo deine Freunde und deine Eltern dir sagen: „Lass es sein" Und dann kommen halt Leute, die das gesehen haben und sagen: „Was soll das eigentlich?" – bis du dann erfolgreich bist und dann sagen sie: „Hey, wie cool! Ich finde das voll toll, was du machst." Das finde ich sehr traurig.

»DESHALB LIEBE ICH ES AUCH, MIT KLEINEREN CREATORN ZU KOLLABORIEREN, DIE NOCH NICHT DIE REICHWEITE HABEN, ABER COOLE PROJEKTE UMSETZEN.«

Bekannt zu sein, eine große Reichweite und Millionen Follower zu haben ist ein Traum von ganz vielen. Was denkst du, braucht es, um das zu erreichen?

Ich finde, der Gedanke „Ich will bekannt sein und Reichweite haben" ist der falsche. Der Gedanke sollte viel eher sein: „Ich will coole Videos machen. Ich will coole Filme machen. Ich will coole Musik machen" oder irgendwie sowas. Also wenn man schon dieses Hobby hat und es mehr Leuten zeigen möchte, das sollte der Grundansatz sein. Und dann habe ich erlebt, funktioniert es auch immer durch die Kontinuierlichkeit. Also dieses „Ich mache das und ich mache das immer weiter, versuche mich immer weiter zu verbessern und bleibe dran", dieses Dranbleiben, obwohl dir Leute sagen, obwohl dir deine Eltern sagen, obwohl dir deine Freunde sagen „Lass das" – das ist immer der Key, der es dann ausmacht. Bei mir haben sie auch gesagt „Mach es nicht". Bei mir sahen die Zahlen auch über vier Jahre hinweg nicht gut aus, aber dann gibt es halt diesen Punkt, ab dem es dann auf einmal gut aussieht und dann meistens ohne Bremse.

Was war denn dein Ziel, als du angefangen hast, Videos zu drehen?
Es war immer mein Ziel, gute Videos zu machen. Ich habe damals auf dem Nintendo 3DS Filme gedreht mit meinem Bruder und es ging mir noch viel mehr darum, Leuten zu zeigen, was ich für einen coolen Stuff mache. Natürlich kommt ab einem gewissen Punkt dann dazu: Ich brauche Reichweite, damit ich das auch finanzieren kann. Und an dem Punkt bin ich gerade, dass ich mir sage: Okay, jetzt habe ich die Reichweite und kann noch coolere Videos machen. Das ist jetzt schon ein bisschen mehr als eine kleine Produktionsfirma und das ist ein Traum.

»DAS IST GENAU DAS, WAS ICH IMMER WOLLTE.«

Richtig gut! Und ich finde auch, man sieht, dass enorm viel Aufwand hinter deinen Videos steckt.
Dankeschön!

Wie läuft so eine Videoproduktion ab?
Also da muss man separieren zwischen Kurzvideos und Long-Form-Videos. Mit kurzen Videos werden YouTube, TikTok, Instagram, Snapchat und alle Plattformen bedient. Die poste ich auf mehreren Accounts und unser Podcast kommt noch hinzu, den meine Mutter und ich haben. Also ich mache so drei Kurzvideos am Tag im Schnitt.

Die Ideen schreibe ich mir meist über's Wochenende auf und dann wird das direkt gedreht und geschnitten. Das wirklich Aufwändige sind die Long-Form-Videos auf Youtube, also die im Querformat sind und dann auch länger gehen. Dafür brainstorme ich zusammen mit meinem Management-Team, meinem Bruder und einem Angestellten und wir holen uns auch Inspiration von anderen. Das ist super wichtig. Es geht dabei nicht darum, dass man das kopiert, sondern immer darum, irgendwie unseren eigenen Touch mit reinzubringen.

Dabei kommen mir solche Schnapsideen wie: Ich möchte irgendwas ins Weltall schicken. Dann gucken wir: Können wir das umsetzen? Wenn man es umsetzen kann, dann ist die nächste Frage: Können wir es finanzieren? Wenn wir das gebogen kriegen, dann wird geskriptet und dann werden Termine ausgemacht. Es ist häufig so bei der Größe an Produktion, die ich mittlerweile habe, dass 30 bis 50 Leute am Set sind. Das muss man entsprechend koordinieren. Dazu habe ich mittlerweile ein Team aufbauen können, das mir dabei hilft. Das ist wie eine Familie, die dann zusammenarbeitet. Wenn dann der Zeitplan steht, kommt es zu den Drehterminen. Die können sehr anstrengend sein, weil das meist ganze Drehtage sind, die von 7 bis 20 Uhr gehen. Danach geht das in die Postproduction, also in den Videoschnitt und das wird momentan noch zu 100% von mir gemacht.

Ist dir das wichtig, das selbst zu machen?
Ja, aus dem Grund, dass eine andere Person das nie so schneiden kann, wie ich es genau haben möchte. Es gibt die 80-20-Regel, dass man mit 80% zufrieden sein sollte, aber ich habe mich damit noch nicht ganz anfreunden können. Kurzvideos bin ich gewillt, in der Zukunft eher abzugeben. Bei Long-Form-Videos ist das anders. Das ist ja wirklich wie ein Kurzfilm und da ist mir sehr wichtig, dass ich da hauptsächlich die Hände dran hab.

»ICH FINDE, WIR SIND IN EINER GESELLSCHAFT, IN DER MAN TRÄUMEN KANN UND DARAN ARBEITEN SOLLTE, TRÄUME ZU VERWIRKLICHEN.«

Eines deiner Long-Form-Videos habe ich mir gestern angesehen. Das war das, in dem zwei Schulklassen in einem Spiel gegeneinander antreten.

Genau, da habe ich eine fünfte Klasse gegen eine 12. Klasse antreten lassen. Das ist so die größte Produktion vom Aufwand, die ich hatte. Da hatten wir auch 200 Leute am Set und das war dann wirklich ein bisschen wie eine Fernsehshow. Wir waren dort mit einem Team aus 30 Personen und hatten alle eine Funke im Ohr, weil wir das wie eine Fernsehproduktion nur für Social Media aufgezogen haben. Und das ist auch so mein Traum, wo das hingehen soll. Dass das immer professioneller wird, immer größer wird und trotzdem immer den Flair von Social Media Content hat. Also nicht, dass es plötzlich abweicht und man denkt: „Okay, ich schaue da ein Fernsehformat", sondern es soll immer Social Media bleiben und deshalb soll es auch nicht perfekt sein. Es soll authentisch sein und genau das lieben die Leute an Social Media. Und deshalb muss man natürlich dann ein bisschen abwägen. Auf der einen Seite möchte ich, dass es super professionell produziert ist, auf der anderen Seite muss es auch irgendwie dieses Trashige und Einfache beibehalten können.

Wann war der Punkt, an dem das so professionell wurde, dass deine ersten Teammitglieder dazu kamen?

Da bin gerade noch mittendrin. Also letztes Jahr kam es dazu, dass ich mein Team aufgebaut habe. Ein Jahr davor fing es bei mir gerade erstmal an, dass die Reichweite größer wurde und dadurch auch Geld dabei rauskam. Das konnte ich direkt reinvestieren, zuerst in Equipment und dann ein Jahr später ins Team. Und das ist jetzt gerade in der Aufbauphase. Wir sind gerade auch im Gespräch, weil wir ein eigenes Studio brauchen und das wird über Jahre hinweg weitergehen. Ich bin nicht mehr nur Creator, sondern mittlerweile auch Unternehmer, weil ich muss ja irgendwie meine Angestellten auch bezahlen können und das Ganze zum Wachsen bringen.

Du hast in einem Video diese Nachrichten gezeigt, in denen Leute meinten: „Lern erstmal was Richtiges und mach eine Ausbildung". Wie denkst du darüber?

Das ist immer ein Trigger-Punkt, den ich mittlerweile aber ganz gut dämmen kann, weil viele nicht sehen, wie viel Arbeit dahinter steckt und es ist nun mal ein Fulltime-Job, den ich neben der Schule mache.

»ICH ARBEITE DURCHGEHEND, WEIL ICH DIESE EXTREME LEIDENSCHAFT HABE. ICH WEISS SELBER NICHT, WO DAS HERKOMMT.«

Ich will seit dem Kindergarten schon schauspielen und habe immer noch nicht genug davon, will immer mehr produzieren. Und Leute, die mir dann solche Nachrichten schicken, sind meistens etwas ältere Generationen in Handwerks- oder Pflegeberufen. Ich will ja gar nicht abstreiten, dass das unfassbar anstrengend ist und ich habe einen riesen Respekt davor. Aber was sie dann meist nicht begreifen, ist: Das, was ich mache, ist auch eine Dienstleistung.

Es geht ja auch nicht darum, was am anstrengendsten ist, sondern in welchem Bereich jeder seine Stärken am besten einsetzen kann. Das ist bei dir eben die Unterhaltungsbranche und die ist extrem wichtig. Das haben wir ja spätestens seit den Corona-Lockdowns gemerkt.

Ja genau. Aber generell fehlt es in ganz vielen Fällen an Respekt gegenüber anderen Menschen, ihren Berufen und Leidenschaften. Ich gehe deshalb gerne auf Leute zu, die eine Passion für irgendwas haben, um ihnen zu sagen: „Ey geil, was du machst. Das ist cool. Mach weiter." Weil die meisten eher sagen: „Lass das sein, Junge. Was machst du da? Hör auf zu träumen". Aber das ist gerade falsch. Ich finde, wir sind in einer Gesellschaft, in der man träumen kann und daran arbeiten sollte, Träume zu verwirklichen.

Aber nochmal zurück zu Noel. Ihm habe ich ziemlich am Ende noch eine wichtige Frage gestellt: „Bist du glücklich?"

Seine Antwort kam schnell:

»Ich bin super glücklich, dass ich jetzt hier sitzen kann, weil ich bin super happy, wie auch alles verlaufen ist. Es gibt nichts im Leben, wo ich sage, das bereue ich. Und das, finde ich, sollte auch das Ziel von jedem sein.«

Das, was Noel da gerade gesagt hat, ist so, so bedeutend! Weil ich auch den Eindruck habe, dass wir in unserer Gesellschaft die Arbeit der anderen noch viel zu wenig wertschätzen. Also, wenn du das nächste Mal einem Menschen begegnest, der mit dem, was er tut, genau am richtigen Platz ist, dann sag ihm das einfach mal. Was glaubst du, was passiert, wenn wir alle das ab jetzt machen? Ich weiß es nicht. Aber ich habe große Lust, das herauszufinden. Vor allem deshalb, weil ich das vor gut zwei Jahren mal ganz bewusst gemacht habe und kurz danach die MENTLING-Idee entstanden ist. Wer weiß, was du dann bald zu erzählen hast? Also schreibe uns gerne an hallo@mentling.de und teile deine Story.

Dann habe ich gleich noch eine hinterhergeschoben: „Was ist für dich Erfolg?" Und jetzt wird's nochmal besonders inspirierend:

»Für mich ist Erfolg abhängig davon, ob du glücklich bist oder nicht. Bist du nicht glücklich, dann ändere was. Mach was. Finde etwas, das dich interessiert. Das führt dich zum Erfolg, also zum Glücklichsein.«

Mach weiter!
Irgendwann kommst
da an :)

⟵ Noel

MEET THE TEAM

FLORIAN SAELING
Redakteur

MARCEL RISTAU
Redakteur

MAX SAELING
Creative Director

SIMÓN AGUIRRE SCHOMACHER (15)

Anfang des Jahres haben wir uns ins Publikum von „The Voice Kids" gemischt, als die Blind Auditions aufgezeichnet wurden – und es gab einen Moment, in dem wir eine ganz besondere Atmosphäre im Studio wahrgenommen haben: Beim Auftritt von Simón. Viel wissen wir zu dem Zeitpunkt noch nicht über ihn. Eigentlich fast gar nichts. Aber uns interessiert nun schon sehr, was in seinem Kopf wenige Wochen vor der großen TV-Ausstrahlung vor sich geht. Grund genug, um ihn heute in Düsseldorf zu besuchen.

Interview **Florian Saeling** Fotos **Marcel Ristau**

Unsere Bahn konnte vorhin kurz vor Köln über eine Stunde lang nicht weiterfahren. Stell dir vor, du hättest neben uns gesessen, wir wüssten noch nichts voneinander, aber wären ins Gespräch gekommen. Wenn ich gefragt hätte „Wer bist du und was machst du am liebsten?", was hättest du mir erzählt?
Ich würde mit meinem Namen anfangen. Also ich bin Simón, bin 15 Jahre alt und Musiker. Meine Persönlichkeit ist schon sehr, sehr bestimmt von Musik, weil egal welche Stimmung mich gerade begleitet, ist Musik der richtige Weg, um diese Stimmung wahrzunehmen.

Ansonsten bin ich Schüler, bin ehrgeizig und spiele neben der Musik auch Fußball.

Super interessant, dass diesmal die meisten auf diese Frage schon ziemlich viel über sich erzählen. So wie du jetzt auch wieder. Das war sonst nicht so. Aber weil du gesagt hast, du machst Musik und spielst Fußball, weiß ich jetzt gerade nicht, womit wir anfangen wollen. Fußball oder Musik?
Ich würde gerne gleich in die Musik reingehen. Das ist der größere Teil, der mich ausmacht.

»JE MEHR ICH DARÜBER NACHGEDACHT HABE, DESTO WENIGER GRÜNDE HABE ICH GESEHEN, WARUM ICH ES NICHT MACHEN SOLLTE.«

Als ich aufgrund einer Knieverletzung eine Zeit lang nichts vom Fußball mitbekommen habe, hat mich in dieser Zeit gerade Musik irgendwie auf eine ganz andere Weise erfüllt und als ich dann langsam wieder angefangen habe, Fußball zu spielen, habe ich gemerkt, wie beide Sachen mich auf ganz unterschiedliche Arten und Weisen erfüllen. Aber ich habe auch gemerkt, dass die Musik für mich ein viel besserer Weg ist, ich selbst zu sein und mich selbst auszudrücken.

Wann war dann der Punkt, an dem du dir gesagt hast: Jetzt melde ich mich zu „The Voice Kids" an?
Es war tatsächlich eine ziemlich spontane Aktion. Also ich war auf einem Geburtstag und habe mich da mit einem sehr engen Freund unterhalten und wir waren so die einzigen, die in einer ganz anderen Laune da waren und haben irgendwie so total das tiefgründige Gespräch angefangen. Wir waren beide nicht so ganz zufrieden, wie es läuft und haben nach Möglichkeiten gesucht, wie wir unseren Träumen nachgehen können. Dabei ist der Wunsch nochmal präsenter geworden und dann habe ich auch mit meiner Schwester darüber geredet und je mehr ich darüber nachgedacht habe, desto weniger Gründe habe ich gesehen, warum ich es nicht machen sollte. Und dann habe ich mich an einem Nachmittag einfach informiert, wie man sich da anmeldet und habe mein Bewerbungsvideo verschickt.

Große Frage gleich zu Beginn: Was denkst du, wie findet man seine Leidenschaft?
Ich glaube, eine Leidenschaft kann man nicht so richtig suchen. Man muss sein Herz bestimmen lassen, in welche Richtung man geht und inwiefern man sich in bestimmte Sachen vertiefen möchte. Das könnte dann ein Glücksgriff sein, das Richtige gefunden zu haben, um genau das zu machen, was einen glücklich macht. Es muss der beste Weg sein, sich selbst nach außen zu transportieren, ohne dabei Hemmungen zu haben. Ich glaube, das ist auch ein großer Punkt.

Macht der Freund, mit dem du auf der Party gesprochen hast, auch Musik?
Nein, aber er hat auch Träume. Der ist sehr modeinteressiert und würde ganz gern was in Richtung Design machen und sucht auch irgendwie einen Weg. Das haben wir an dem Abend festgestellt, dass wir beide so einen künstlerischen Wunsch haben und uns da ganz gut ergänzen, was unsere Gedankengänge angeht. Wir waren vorher noch nicht so eng befreundet, aber seitdem wir da einmal zweieinhalb Stunden einfach am Rhein saßen und uns unterhalten haben, ist das total die enge Freundschaft geworden.

Ich glaube, das ist eine ganz wichtige Story, weil es so bedeutend sein kann, jemanden auf seinem Weg zu finden, dem man von einem Traum erzählen kann, ohne belächelt zu werden. Und ich find's nicht übertrieben zu sagen, dass das der Beginn einer ganz großen Geschichte sein kann.

War das bei dir auch die Begegnung, nach der du wusstest, du willst jetzt für deinen Traum wirklich losgehen?
Der Traum hat sich zwar schon davor entwickelt und auch das Bedürfnis, den zu verfolgen, aber irgendwie war das immer nur so ein passiver Gedankengang.

»DANACH HABE ICH ANGEFANGEN, AKTIV NACH WEGEN ZU SUCHEN.«

Aber was genau war denn der Traum? Also wovon hast du im Gespräch an dem Abend erzählt?

»ICH HABE DAVON GETRÄUMT, EIN LEBEN ZU LEBEN, IN DEM ICH MICH REIN AUF DAS KONZENTRIEREN KANN, WAS MICH AM MEISTEN ERFÜLLT.«

Also Musik machen und damit dein Leben gestalten zu können?
Ja, richtig – und das auch zum Hauptinhalt meines Lebens machen zu können.

Was würdest du jetzt sagen, was braucht es, um den Traum wahr werden zu lassen?
Es braucht weniger Nachdenken als sonst, würde ich sagen. Es braucht Ehrgeiz und Arbeit. Es braucht ein Umfeld, das einen unterstützt und das einem den Rücken frei hält, egal wie es am Ende ausgeht.

Hat sich etwas geändert nach deinem Auftritt in den Blind Auditions?
Ja, und ich glaube, da spreche ich auch für viele andere Teilnehmer. Sobald man einmal die Chance bekommt, vor so vielen Leuten zu singen und so viele Leute zu begeistern, dann ist das Ziel, das regelmäßig machen zu können und so viel aus dieser Art von Ausdruck rausholen zu können, wie es geht.

»ES BRAUCHT EHRGEIZ, ARBEIT UND EIN UMFELD, DAS EINEN UNTERSTÜTZT, EGAL WIE ES AUSGEHT.«

»FÜR MICH WAR ES DAS WICHTIGSTE, DASS ICH DAS, WAS ICH MACHE, EHRLICH PRÄSENTIEREN KANN.«

War dein Schritt zu „The Voice Kids" der mutigste, den du bisher gegangen bist?

Wenn man sich so lange darauf vorbereitet, so lange Zeit hat, sich mit diesem Gedanken anzufreunden und über mögliche Optionen nachzudenken, bin ich im Nachhinein gar nicht so davon überzeugt, dass es viel Mut braucht. Ich glaube, es braucht mehr Überzeugung als Mut. Ich hatte den Eindruck, dass sobald man von seiner Sache überzeugt war und sobald man das Gefühl hatte, es richtig zu machen, braucht es gar nicht mehr so viel Mut. Für mich war es auch gar nicht mal das Wichtigste, weiterzukommen. Für mich war es das Wichtigste, dass ich das, was ich mache, ehrlich präsentieren kann.

Das hast du geschafft und das führte ja auch dazu, dass die Atmosphäre im Studio auf einmal anders war als vorher. Weil das total ehrlich war.

Das freut mich.

Hast du vorher schon vor Publikum gesungen?

Ja, als Straßenmusiker. Aber auf einer Bühne noch nicht.

Straßenmusik finde ich übrigens auch sehr mutig.

Vielen Dank. Das hat mich auch wirklich viel Überwindung gekostet. Also mehr, als mich bei „The Voice Kids" anzumelden. Vielleicht, weil ich davor noch keine Erfahrung mit Auftritten gemacht habe und es das erste Mal war, dass ich so meinen Gesang Leuten zeige und nach außen transportiere.

Wie fühlt es sich jetzt an, auf die Ausstrahlung zu warten und was sind so deine Gedanken, was nach der Show passieren könnte?

Irgendwie habe ich das Gefühl beziehungsweise die Wunschvorstellung, dass ich nach dem Abend der Ausstrahlung an Bekanntheit gewinne. Aber für mich ist es wichtiger, dass das auch in meinem engeren Umfeld anerkannt wird, was da passiert ist. Also mein aktuelles Gefühl ist so, dass ich erstmal total zufrieden bin, seitdem ich verkünden durfte, dass ich Teil der neuen Staffel bin und total viel positive Rückmeldung bekommen hab. Ich bin sehr positiv gestimmt auf die Ausstrahlung und wünsche mir total, dass die Entwicklung auch mit meiner eigenen Musik dann so weitergeht.

Du wirkst auf der Bühne und auch jetzt wieder innerlich ganz ruhig, komplett bei dir. Wie kannst du in so einer aufregenden Zeit so entspannt bleiben?

Das ist einfach mein Typ, dass ich solchen Sachen weder entgegenfiebere noch entgegen trauere oder Angst davor habe. Ich lasse Sachen gern einfach auf mich zukommen.

»ICH HABE EINFACH DIESEN GLAUBEN, DASS NICHTS FALSCHES PASSIEREN WIRD. DAS GIBT MIR VIEL RUHE.«

Und ich habe auch das Bild von dieser Branche, dass sie total groß ist und ich total viele Zugänge finden könnte. Ich bin schon davon überzeugt, dass ich irgendwie in der Lage bin, was zu erreichen, aber dass ich genauso auch in einem anderen Bereich glücklich werden kann. Irgendwie beruhigt mich auch das total.

Nach dem Gespräch ist es Zeit, um unser Polaroidfoto zu schießen. Dann kommt nur noch ein Part: Wir bitten Simón, noch etwas auf das iPad zu schreiben, was auf einer ganzen Magazinseite zu lesen sein soll. Für uns ist das einer der Lieblingsparts, weil wir jedes Mal sehr gespannt sind, welche Worte die Interviewten euch mit auf den Weg geben möchten oder was ihnen einfach noch wichtig ist, mitzuteilen. Während wir unser Foto- und Videoequipment zusammenpacken, sitzt Simón mit dem iPad auf dem Sofa und überlegt sich in Ruhe etwas. Dann schauen wir nach, was er aufgeschrieben hat und finden seinen Satz äußerst vielsagend.

Simón hat große Träume und was noch viel wichtiger ist: Er erlaubt sich zu träumen – spätestens seit dem langen Gespräch abseits der Party. Spätestens seitdem weiß er auch, dass er damit nicht allein ist. Manchmal braucht es nur den richtigen Menschen zur richtigen Zeit, der zuhört und versteht, wie es nur jemand kann, der mindestens genauso große Träume hat. Und vielleicht ist es schon ein erster Schritt, jemandem von einem Traum zu erzählen. Vielleicht ist das der erste Schritt zur Verwirklichung – und der ist unglaublich wichtig, wie winzig er dir auch erscheinen mag.

Wir verabschieden uns von Simón und seinem Vater. Dann steigen wir in die Bahn zurück nach Köln und treffen uns dort noch spontan mit Carlotta Josefine Pahl (Ausgabe #3), die gerade für ein Event in der Stadt ist. Am Abend im Hotelzimmer krame ich mein Notizbuch aus dem Rucksack und schreibe einen Gedanken auf:

Auch ein kleiner Schritt ist ein Schritt – und der erste, den du setzt, um für deinen Traum loszugehen, ist der wichtigste deines Lebens.

Der weg ist,
groß zu träu-
men und
trotzdem
für alles
kleine dank-
bar zu sein

simón

CARA VONDEY (13)

Nun fahren wir schon den dritten Tag in Folge zu einem Interview. Daran könnten wir uns durchaus gewöhnen, auch wenn wir die Gespräche mit Noel und Simón noch gar nicht verarbeiten konnten. Das schieben wir auf die nächsten Tage. Für heute ist die Vorfreude auf das Gespräch jedenfalls groß, denn erstens haben wir über Cara schon so einiges in euren Nominierungen gelesen. Zweitens hat Familie Vondey schon ein anschließendes Abendessen angekündigt. Und drittens kommen wir nach einer guten Stunde Busfahrt in einem Ort an, den wir ansonsten mit hoher Wahrscheinlichkeit nie entdeckt hätten.

Interview **Florian Saeling** Fotos **Marcel Ristau**

Weil du ja schon alle unsere Ausgaben gelesen hast, kennst du die Einstiegsfrage ziemlich gut: Stell dir vor, wir wären uns heute einfach in Köln begegnet und ich frage, wer du bist und was du machst. Was erzählst du jemandem, den du nicht kennst?
Ich würde mich erst mal vorstellen. Also „Hi, ich bin Cara." und würde nicht direkt meine Lebensgeschichte erzählen. Eine fremde Person geht das ja auch eigentlich nicht direkt etwas an. Ich würde abwarten, ob man in ein Gespräch kommt. Du wirst ja wahrscheinlich noch ein paar Fragen stellen und dann ergibt sich der Rest.

Dann würde ich noch sagen, was ich gerne mache, etwas zu meinen Haustieren sagen oder einfach ein bisschen was über mich erzählen.

Was machst du gerne?
Meine Hobbys sind singen und tanzen. Bisher habe ich in einer Karnevalsgesellschaft getanzt. Außerdem singe ich im Chor. Dann würde ich noch erwähnen, dass ich Trompete im Schulorchester spiele, regelmäßig reite und Pfadfinderin bin.

Wow, das ist ja richtig viel und damit ist ja dann auch die ganze Woche voll.
Ja, eigentlich schon. Trotzdem habe ich auch noch Freizeit, in der ich mich verabreden kann. Wenn es mal eng oder mir zu viel wird, zum Beispiel wegen der Schule, habe ich auch schon mal eine Woche lang gar keine Hobbys gemacht.

Aber in der Regel ist ja dann schon jeder Tag belegt bei dir und du hast noch gar nicht gesagt, dass du auch schauspielst. Wie passt das denn da noch mit rein?
Meinen Hobbys müssen dann ruhen, wenn ich zum Beispiel drehe. Dafür haben alle Verständnis und unterstützen mich dabei. Auch meine Schule hat bisher immer alles möglich gemacht. Ich rede eigentlich nicht über mein Schauspiel-Hobby. Aber wenn wir über Momente im Leben reden würden, in denen ich mich besonders wohlgefühlt habe und die ich niemals bereuen würde, dann würde ich von der Schauspielerei erzählen. Ich bin schon sehr froh, dass ich damit angefangen habe. Ich würde aber nicht gleich beim ersten Treffen davon erzählen. Ich finde, das könnte auch angeberisch rüberkommen.

Was denkst du, warum ist das so?
Ich weiß es nicht genau. Wahrscheinlich, weil es ein bisschen außergewöhnlich ist. Man trifft ja nicht andauernd Leute auf der Straße, die das machen. Aber nur, weil man schauspielert, heißt das nicht, dass man anders ist. Man kennt ja meistens auch nur die Rolle und ich finde, man kann sich erst ein Urteil erlauben, wenn man die Person auch wirklich kennt.

Wie bist du zu deiner allerersten Rolle gekommen?
Also für mich war das immer ein Traum, schon als ganz kleines Kind und dann hat meine Mutter online den Casting-Aufruf für „Mein Lotta-Leben" gefunden. Meine Geschwister haben da mitgemacht und ich war eigentlich noch zu jung. Ich glaube, ich war damals acht und habe für Chanell vorgesprochen, aber eigentlich wurde gar keine Chanell gesucht. Die Rolle wollten sie später besetzen.

»DANN HABE ICH HALT EIN VIDEO GEMACHT, IN DEM ICH GESAGT HABE: DAS GEHT GAR NICHT, DASS IHR DIE CHANELL NICHT BRAUCHT. ALSO ICH FINDE DAS NICHT GUT UND WÜRDE MICH GERNE DAFÜR BEWERBEN. WENN IHR DIE IDEE GUT FINDET, DANN RUFT DOCH EINFACH AN.«

Das fanden sie irgendwie lustig und cool, dass ich mich so eingesetzt habe und haben gesagt: „Dann komm gerne zum Casting". Ich bin immer eine Runde weitergekommen und dann hat es wirklich funktioniert.

Das ist ja faszinierend. Also die Rolle sollte noch gar nicht besetzt werden und du hast dafür gesorgt, dass sie ganz schnell eine Chanell gefunden haben?
Ja, irgendwie schon. Und im zweiten Teil gab es sie wieder, weil viele Kinder die Chanell mochten. Deshalb wurde die Rolle auch etwas größer.

»JEDE ENTSCHEIDUNG IST WICHTIG UND JEDE ENTSCHEIDUNG HAT IHREN GRUND.«

Was hast du dadurch gelernt?

Ich glaube, ich habe wirklich gelernt, dass man keine Vorurteile haben sollte und dass man seinen Traum verfolgen muss. Bei mir war es ja wirklich so: Ich war ganz klar und habe gesagt, ich will Schauspielerin werden und dann habe ich mich auch einfach beworben, obwohl die Rolle nicht einmal gecastet wurde. Aber ich habe mir gedacht, ich mach das jetzt einfach.

»ENTWEDER SIE SAGEN AB UND ICH STEHE AM GLEICHEN PUNKT WIE JETZT ODER SIE SAGEN, DAS IST COOL UND ICH BIN EINEN SCHRITT WEITER.«

Ich finde das total wichtig, dass du das sagst. Ich glaube, viele warten darauf, irgendwie entdeckt zu werden oder dass jemand mit der passenden Rolle kommt. Deswegen ist es wichtig, dass du die Geschichte erzählst, wie du selbst gesagt hast: Ich versuche es einfach mal.

Ich finde, man kann selber den ersten Schritt machen anstatt zu warten. Caster oder Regisseure wissen ja vielleicht gar nicht, dass es eine Person gibt, die perfekt für die Rolle ist. Wenn man sich nicht bewirbt oder anders sichtbar macht, nehmen sie vielleicht jemand anderen, der vielleicht gar nicht so gut zu der Rolle passt. Deshalb muss man einfach selbst den ersten Schritt gehen.

Als du dann der Welt gezeigt hast, dass es dich gibt und was du machen willst, bist du bestimmt auch mehr Menschen begegnet, die dich irgendwie unterstützen und weiterbringen wollten, oder?

Ja, bei mir war das so. Zum Beispiel der Kinderbetreuer von meinem ersten Film ist immer noch mit uns befreundet und er unterstützt mich schon sehr.

Auch in meiner Agentur habe ich das Gefühl, dass sie viel machen und mich für coole Rollen vorschlagen. Und ich bin ja auch Jannika, also die kleine Kollegin von Jan Böhmermann. Das verdanke ich dem Komparsenbegleiter am Set von „Mein Lotta-Leben". Er fand es klasse , wie ich die freche Rolle spiele und er hat eben gerade so ein Mädchen gesucht. Und seitdem bin ich die Jannika vom ZDF Magazin Royal. Aber am allermeisten unterstützt mich natürlich meine Familie. Ohne meine Eltern könnte ich nicht an solchen Drehorten sein und ohne meine Freunde wüsste ich gar nicht, was in der Zeit in der Schule passiert ist.

Aber um nochmal zurückzukommen: Das ist alles erst so gekommen, weil du einen Schritt gegangen bist, obwohl es eher abwegig schien, dass du mit nur acht Jahren ein Drehbuch und damit einen Kinofilm verändern kannst. Was denkst du, wie kannst du noch mehr in deiner Welt bewegen?

Ich glaube, so ganz kleine Entscheidungen können schon etwas bewegen. Es gibt in jedem Leben, wenn man so zurückschaut, kleine Entscheidungen, über die man denkt „Boah, wären die jetzt nicht gewesen, wäre auch nichts passiert. Dann wäre es jetzt ganz anders" und ich glaube eben, egal ob groß oder klein: Jede Entscheidung ist wichtig und jede Entscheidung hat ihren Grund. Ich bin sehr glücklich, wo ich gerade stehe. Deswegen denke ich, dass ich meine Entscheidungen bisher ganz gut getroffen habe. Und wenn auch mal eine nicht so gut war, dann habe ich das Beste daraus gemacht. Jeder kann etwas bewegen.

»ICH HABE ETWAS GESCHAFFT UND ICH SCHAFFE DAS AUCH EIN WEITERES MAL.«

Wenn du einen Tag deines Lebens noch einmal erleben dürftest, aber nicht, um etwas zu ändern, sondern um ihn einfach noch mal zu erleben – welchen Tag würdest du auswählen?

Ich bin mir nicht ganz sicher. Ich habe viele Tage, die mir total wichtig sind. Vielleicht einfach einen ganz unkomplizierten Tag, an dem ich etwas mit meiner Familie spiele. Oder vielleicht der Tag, an dem ich erfahren habe, dass ich eine Rolle bekommen habe. Da bin ich aufgesprungen und habe geweint, weil ich so glücklich war. Ich hatte so viele Gefühle auf einmal und das war einfach ein toller Tag, den ich gerne nochmal erleben würde.

Ist es bei dir auch so, dass du so einen Tag noch in Gedanken wie einen Film abspielen kannst, weil du ihn so ganz intensiv erlebt hast?

Ja, ich kann mich noch an alles genau erinnern. An viele Momente, die mir wichtig sind. Auch an Familienurlaube oder Treffen mit Freunden. Also an so ganz, ganz wichtige Momente. Weil sie mich sehr glücklich gemacht haben. Ich habe mich wohlgefühlt und war ganz ohne Zweifel in diesen Momenten.

Das sind auch die Momente, von denen man weiß, dass alles gut ist. Und falls dann mal was Schlechtes passiert, kann man sich an die Momente zurückerinnern und weiß: Ich habe etwas geschafft und ich schaffe das auch ein weiteres Mal.

Bestimmt gibt es auch Leute, die nur schlechte Gedanken im Kopf haben und sich dann immer weiter runtermachen. Aber ich glaube, man kann auch seine Gedanken und seine Gefühle teilweise kontrollieren, indem man zum Beispiel sagt: „Okay, das ist jetzt wirklich nicht gut gelaufen. Dann probiere ich es einfach das nächste Mal besser zu machen. Ich schaffe das!". Das muss man dann auch zulassen, weil man die Vergangenheit sowieso nicht mehr ändern kann. Man kann aber die Zukunft gestalten.

»MAN MUSS EINFACH SEIN BESTES GEBEN UND DANN WIRD DAS AUCH.«

Ich finde das ein echt gutes Thema, vor allem das Aufsaugen der schönen Momente, um sich daran immer wieder hochziehen zu können. Danke, dass wir darüber gesprochen haben!
Gerne. Ich glaube auch, man muss aktiv da sein und jeden Moment einfach genießen.

Es muss ja nicht jeder Moment sein. Manches muss man einfach machen, auch wenn es keinen Spaß macht. Wenn du abends an den Hausaufgaben sitzt, kannst du das ja auch nicht gerade genießen.

Ja, wenn ich etwas lerne, ist das vielleicht nicht so cool, aber dann schreibt man eine gute Note und dann hat man wieder was davon.

Oder auch, wenn man einen Moment Angst hat und sie bewältigt, dann wird man mutig und dann kommt der Erfolg. Also ich glaube, man muss einfach denken: Ich bekomme ja auch was dafür und ich mache das jetzt auch nicht für andere, sondern für mich, weil ich weiß, das bringt mir was.

Mit Cara hätten wir noch den ganzen Abend weiter reden können und ein bisschen machen wir das auch noch. Als wir schon fast das Mikrofon ausgeschaltet haben, erzählt sie noch von Lebensentscheidungen, die sie in den nächsten Jahren zu treffen hat und wie sie ihr Leben beeinflussen könnten. Will ich studieren? Wenn ja, was will ich studieren? Oder doch lieber auf eine Schauspielschule?

Uns interessiert, ob sie sich denn darüber schon jetzt viele Gedanken macht, wie es nach der Schulzeit weitergehen soll. Ihre Antwort überrascht uns, wie eigentlich die ganze Zeit schon, im sehr positiven Sinne:

»Ja, schon irgendwie. Weil ich glaube, nach der Schule kommt die beste Zeit.«

Eine große Portion Lebensfreude und positive Vibes hat ja bisher wirklich jede der interviewten Personen versprüht – aber bei Cara ist es nochmal ein bisschen mehr. Manchmal können wir es selbst nicht glauben, dass uns eine Begegnung nach der anderen so viel Energie mit auf die weitere Reise gibt und dass wir uns damit den schönsten Job erschaffen haben, den wir uns vorstellen können. Natürlich auch, weil wir den besten Gesprächsstoff anschließend mit euch allen teilen dürfen und er fortan auch euch auf ganz vielen Wegen bestärken kann.

Kurz nachdem Cara noch eines ihrer Lieblingszitate aufschreibt, dauert es nur wenige Minuten, bis alle wieder im Wohnzimmer versammelt sind – Caras Eltern und auch ihr Bruder Vico, den ihr übrigens gerade in der „Jungs-WG" (ZDF) kennenlernen könnt. Eine ganze Weile tauschen wir uns noch bei leckerem Essen über eine Menge Themen aus. Dann fahren uns Cara und ihre Mutter Cornelia zum Kölner Hauptbahnhof und irgendwie sind wir uns ziemlich sicher, dass wir uns nicht das letzte Mal gesehen haben.

Phantasie ♡

ist wichtiger als Wissen. Denn wissen ist ♡ begrenzt!

Cara ♡

*Zitat von Albert Einstein

LIAM SEIDEL aka DRIMA (20)

Als wir Liam in Berlin treffen und feststellen, dass er nur 20min S-Bahn-Fahrt von uns entfernt wohnt, glauben wir noch, schnell mal einen Interviewtermin finden zu können. Aber ganz so einfach ist es dann doch nicht zwischen der Arbeit an neuer Musik, seinem Nebenjob im Copyshop und Umzugsstress. Inzwischen wohnt er zwar noch immer in Berlin, aber jetzt eine Stunde von uns entfernt in einer WG. Dort besuchen wir ihn heute und starten erst einmal mit einem ausgiebigen Smalltalk. Dann klären wir kurz vor dem Interview noch eine Frage: Bist du im Magazin lieber Liam oder DRIMA? Der Künstlername gewinnt, denn heute soll es vor allem um die Musik gehen.

Interview **Florian Saeling** Fotos **Marcel Ristau**

Auf dem Event, wo wir uns begegnet sind, gab es doch auf einmal diese Vorstellungsrunde, die für uns alle unerwartet kam. Aber so etwas gibt es ja öfter mal im Leben. Was würdest du heute in so einer Situation über dich erzählen?

Hey, ich bin – da ist jetzt auch wieder die Frage: Bin ich Liam? Bin ich DRIMA?

Ja, das ist immer etwas schwierig bei dir zu entscheiden, wo du dich wie vorstellst, oder?

Ja, es kommt auf das Umfeld an. Auf der Bühne bin ich DRIMA und auf so einem Event natürlich nicht. Aber wenn ich jetzt über Musik und alles spreche, würde ich sagen: „Hey, ich bin DRIMA, bin 20 Jahre alt, schreibe Songs auf Deutsch – ein Mix aus Rap und Pop und mein Traum ist auf jeden Fall, das beruflich zu machen".

»EINEN SONG ZU SCHREIBEN IST WIE IN EINE ANDERE GEFÜHLSWELT EINZUTAUCHEN ODER WEG ZU TRÄUMEN.«

Hast du den Struggle mit dem Namen oft?

Der einzige Struggle ist manchmal so ein bisschen, dass ich das ja auch in einem Team mit Moritz mache, der das Ganze produziert und wir deshalb also auch zu zweit DRIMA sind. Aber jetzt hier bin ich ja allein DRIMA. Also der Name ist flexibel so ein bisschen.

Aber bist du als DRIMA genauso wie du auch sonst bist oder gibt es da Unterschiede?

Ich identifiziere mich voll damit.

»ALLES, WAS ICH SCHREIBE, KOMMT HALT VOLL AUS DEM HERZEN. AUF JEDEN FALL BIN DAS ICH.«

DRIMA ist speziell diese Version von mir, die große Träume und Ziele hat und die sehr ehrlich ist. Liam würde jetzt nicht so ehrlich in der Öffentlichkeit über seine Gedanken und Gefühle sprechen wie es DRIMA tut in den Songs. Das ist der kleine Unterschied. Als DRIMA traue ich mich viel mehr, all das zu zeigen, auszusprechen und dahinterzustehen.

Das finde ich total spannend, dass ein Künstlername helfen kann, für die eigenen Träume einzustehen. Und jetzt bist du ja gerade umgezogen. Welche drei Gegenstände, die du mitgenommen hast, erzählen am meisten über dich?

Also Nummer eins: Meine Harry Potter Fanfigur. Ich bin ein richtig krasser Harry Potter Nerd, liebe das Hörspiel und habe auch die Bücher gelesen.

Zweiter Gegenstand: Meine Schlagzeugsticks. Die gehören dazu, weil seit ich sieben bin, spiele ich Schlagzeug. Und der dritte Gegenstand sind meine Kopfhörer. Die habe ich gerade erst geschenkt bekommen und die habe ich auch immer dabei, wenn ich draußen bin.

Hat denn die Harry Potter Welt einen Einfluss auf deine Musik?

Ich konnte mich in diese Harry Potter Welt immer so gut reinträumen, in eine andere Welt kommen und es ist halt voll die schöne Welt. Das hat irgendwie auch jetzt noch eine Bedeutung, weil ich gehe in der Musik auch in andere Welten rein.

Wenn ich einen Song schreibe, gibt es meistens etwas, das mich beschäftigt, irgendein Gefühl und dann will ich das einfach rausschreiben, so dass ich das aus dem Kopf hab. Manchmal kommt es so, dass ich mich von der Musik inspirieren lasse und dann fühle ich etwas von den Klängen her und finde dazu den Text. Das ist dann wirklich wie in eine andere Gefühlswelt einzutauchen oder wegzuträumen. „Eisblumen" ist ein Song von mir, der zum Beispiel so entstanden ist – über die Musik zum Gefühl zum Text.

„Traumfängerstadt", mein neuester Song, erzählt hingegen schon sehr aus meinem Leben. Das erste Mal ausziehen, Familie weg und dass ich alleine in Berlin geblieben bin, um Musik zu machen. Das alles ist in diesem Song verarbeitet.

»ES WAR SO EINE SPONTANE ENTSCHEIDUNG.«

Du hast vorhin erzählt, dass du zuerst Schlagzeug, dann Gitarre und Klavier gespielt hast. Aber wann und wie hast du angefangen, eigene Musik zu schreiben?

Ich war erstmal Schlagzeuger in einer Band. Das war einfach in meiner Klasse so zu dritt mit Schlagzeug, Geige und Gitarre, aber noch ohne Gesang. Dann habe ich angefangen, Texte zu schreiben und irgendwie hat sich das entwickelt, dass ich dann auch angefangen habe zu rappen. Beim zweiten oder dritten Song kannte ich dann „Dein Song" von KIKA und dachte, da bewerbe ich mich mit Moritz und es hat direkt geklappt. Das ging dann irgendwie ganz schnell. Es war so eine spontane Entscheidung, aber wir sind bis ins Finale gekommen und das war voll die tolle Erfahrung. Da ging das auch los, dass ein paar mehr Leute aufmerksam wurden und unsere erste Fanbase entstanden ist.

Kannst du für alle, die „Dein Song" nicht kennen, ein bisschen darüber erzählen?

In der ersten Runde spielt man einer Jury einen eigenen Song vor. Das darf auch da wirklich unperfekt sein, weil das ganze Konzept ist: Man geht hin mit einer Idee und dann wird in dieser Show daraus ein fertiger Song gemacht. Wir sind für das Songwriting-Camp nach Ibiza geflogen. Inzwischen ist es in Österreich. Dann wird auch noch ein Musikvideo dazu gedreht und zum Abschluss ist das Finale live auf der Bühne mit den Songpaten zusammen. Das waren bei uns „Die Orsons".

Was ist das Beste, das du aus der Erfahrung mitgenommen hast?

Die Leute, die auf uns aufmerksam geworden sind. Davon sind viele ja immer noch dabei, obwohl das schon fast fünf Jahre her ist. Das ist das Tollste, was ich mitgenommen hab und natürlich auch die Freundschaften, die entstanden sind.

Hast du in der Zeit auch gelernt, dich zu connecten? Weil inzwischen bist du ja in der Musikwelt schon echt gut vernetzt.

Also das Connecten und auf Leute zugehen hatte ich auch schon vorher gemacht. Das mochte ich einfach schon so. Das hat gar nichts mit dem Gedanken zu tun, dass das für die Musik gut ist, sich zu connecten. Das mag ich einfach und ich bin froh, dass es für mich nicht so ungemütlich ist, auf Leute zuzugehen, weil in der Musikbranche ist das ultrawichtig.

Wie kann man das gut machen, ohne so aufdringlich alle Leute über Instagram anzuschreiben?

Am besten ist es, gar nicht viel darüber nachzudenken. Einfach natürlich sein. Das geht am einfachsten in einem Raum mit den Menschen, aber auf Instagram auch. Was ich da nur immer komisch finde, ist, wenn fremde Leute einfach schreiben: „Hey, wie geht es dir?" oder „Hey, was machst du gerade?" Man muss schon ein bisschen mehr erzählen, warum man Kontakt aufbauen will. Man hat ja wirklich die Möglichkeit, über Social Media jeden anzuschreiben. Bestimmt antworten viele nicht, aber mit Glück kann etwas Cooles entstehen. Ich habe zum Beispiel ein Video an Cro geschickt und kurz danach ruft mich mein Kumpel an und fragt, wie ich es in Cro's Story geschafft habe.

Was denkst du, warum hat er dein Video in die Story gepostet?
Wahrscheinlich, weil er das auch toll findet zu helfen. Jetzt zuletzt war das so mit Clueso. Da habe ich Leute angeschrieben und gefragt, ob sie mir ein Wort geben können für einen Song. Das ist auch ein Tipp: Mach es der Person so einfach wie möglich, dir zu helfen.

»CLUESO HAT MIR EIN WORT GESCHICKT: MUTTERSEELENALLEIN.«

Daraus habe ich den Song „Traumfängerstadt" gemacht und dann hat er den Song auch, ohne dass ich danach gefragt habe, gepostet und mich damit voll unterstützt. Das zeigt halt auch, die Leute haben Lust zu helfen und man muss sich nur trauen, einfach auf sie zuzugehen.

Ich denke, Menschen sind auch gerne Teil von solchen Geschichten. Bei euch ist es ja jetzt auch so, dass aus dem einen Wort ein ganzer Song entstanden ist und du einfach gerne die Story dazu erzählst.
Ja genau, und ich würde dazu auch gerne noch mal was aus meiner Erfahrung mitgeben: Besser als Text ist es, eine Sprachnachricht zu schicken, weil es persönlicher ist. Und dann wie gesagt auch gar nicht viel drüber nachdenken, einfach ehrlich drauflos reden. Dann ist es echt und ehrlich und man zeigt direkt ein bisschen mehr von sich als mit einem Text. Das finde ich auch immer viel interessanter. Und dann aber auch im Kopf hervorrufen: Das sind alles Menschen und man kann ganz normal mit ihnen reden. Es ist, glaube ich, ganz wichtig, dass man sich da nicht klein macht oder die Person auf so ein mega Podest stellt.

»MACH ES DER PERSON SO EINFACH WIE MÖGLICH, DIR ZU HELFEN.«

Ein Thema habe ich noch mitgebracht, inspiriert von einer deiner Antworten in der Fragerunde auf Instagram. Da ging es darum, wann eure neue EP endlich erscheint und du hast geschrieben, dass du manchmal gar nicht weißt, ob du überhaupt noch irgendetwas daran gut findest. Hast du also auch viel mit Selbstzweifeln zu kämpfen?

Ja, das ist ein Riesenthema. Also ich merke das gerade vor allem so stark, weil die EP ein größeres Projekt ist. Bis jetzt haben wir immer nur einzelne Songs fertig gemacht und released und jetzt machen wir zum ersten Mal vier Songs gleichzeitig und das dauert länger als normalerweise. Deswegen habe ich jetzt auch zum ersten Mal völlig den Bezug zu dieser anfänglichen Vision verloren. Oder auch dieses Feuer, was man am Anfang immer hat – das brennt irgendwann aus und dann hat man die Songs einfach schon so oft gehört, dass man gar nicht mehr so genau weiß, wo man jetzt damit hin will oder ob man das eigentlich alles in die Tonne hauen will.

Scheinbar gehört das aber dazu, weil auch gleich ein paar Leute darauf geantwortet haben, dass sie das kennen. Es gibt in solchen Phasen irgendwann diesen Tiefpunkt, wo man irgendwie alles schlecht findet. Dann braucht man vielleicht mal eine Pause, ein bisschen Abstand und dann denkt man wieder: "Okay, jetzt kann man es zu Ende bringen". Selbstzweifel habe ich voll oft bei den Texten. Bei denen ist es für mich sehr schwer, mich zufrieden zu geben und irgendwann zu sagen: "Jetzt ist es fertig. Jetzt finde ich es richtig gesagt". Manchmal wäre es wahrscheinlich gut, eine Deadline zu bekommen, weil sonst kann man, glaube ich, unendlich immer noch weiter daran feilen und verbessern.

»DER PERFEKTIONISMUS IST AUCH GUT, SOLANGE ER NICHT ZU KRASS IST.«

DRIMA

Die Textzeilen aus „Traumfänger-stadt", die Liam nach dem Gespräch auf seine Seite schreibt, gehen jetzt beim Lesen nochmal bedeutend tiefer als wir sie beim Hören emp-funden haben. Fast unglaublich, wie viel von seinen persönlichen Geschichten in nur einen Song passt. Dafür hat sich jeder Selbstzweifel auf dem Weg und der Perfektionis-mus beim Texten gelohnt. Deshalb sind wir uns sicher, dass auch die neue Musik richtig gut wird.

Und ja, das sagt sich immer so leicht von außen betrachtet. Aber wir kennen auch die andere Seite, denn uns geht es oft genug ähnlich. Wir kommen auf unserer Reise auch immer wieder an einen Punkt, an dem wir daran zweifeln, ob wir die Ausgabe jemals fertig bekommen, ob wir die richtigen Personen ange-fragt und die richtigen Themen besprochen haben. Jedes Mal kommt dann aber wieder der Punkt, an dem wir überzeugter nicht sein könnten, dass alles gut so ist. Es ist genau dieses Auf und Ab, das Liam beschrieben hat und das zu jedem Weg dazugehört, wenn man Träume und Ziele verfolgt.

Während wir noch weiter darüber reden, was uns jeweils antreibt, unsere Wege so zu gehen wie wir sie gehen, sagt Liam einen Satz, der von nun an gerne jeden Tag einmal als Reminder auf unseren Smart-phones aufploppen darf:

»Das Leben ist zu kurz, um nicht das zu machen, was man liebt.«

..., Ich hab einen Traum
und dafür kämpf ich auch
denk mich auf
ne Bühne rauf
sofort Gänsehaut

Hände auf
für alles was kommt
pack das alles in Songs
denn ich glaub

das Träume sich erfüllen auch
wenn es manchmal
länger braucht...

DRIMA

SELINA GROTIAN (20)

Wir machen uns auf den Weg zu unserem bisher südlichsten Interview. Es geht nach Mittenwald ganz in der Nähe von Garmisch-Partenkirchen. Hier treffen wir Selina, die wir noch eine Woche zuvor in der Live-Übertragung des Biathlon-Weltcups in Kanada gesehen haben. Seit ein paar Tagen ist sie wieder zu Hause. Genug Zeit, um die Eindrücke und Erfolge der Saison zu verarbeiten, hatte sie sicher noch nicht. In ihrem Wohnzimmer liegen noch so einige Erinnerungsstücke und Geschenke. Im Regal daneben steht die „Goldene Henne", die Selina in der Kategorie „Aufsteigerin des Jahres" gewonnen hat – der Grund, warum wir von ihr erfahren haben.

Interview **Florian Saeling** Fotos **Marcel Ristau**

Das letzte Mal war ich zum Wandern hier in der Gegend. Stell dir vor, wir hätten uns jetzt ganz zufällig irgendwo in den Bergen getroffen, ich kenne dich nicht und frage, wer du bist und was du so machst. Was würdest du erzählen?
Dann würde ich sagen: „Ich bin die Selina, mache eigentlich mein ganzes Leben lang schon Sport und habe im Biathlon dann mein Hobby zum Beruf gemacht".

Dann würde ich vielleicht fragen, an welchem Punkt auf deinem Weg du dich selbst siehst.
Ich bin gerade so mittendrin, aber noch nicht angekommen. Seit zwei Jahren darf ich meinen Sport als Beruf ausüben und hab schon viel erleben dürfen, habe aber noch ganz viele Ziele, die ich erreichen will. Also ich glaube, ich bin noch lange nicht angekommen, aber schon relativ weit auf meinem Weg gekommen.

»DIE WM IN DIESEM JAHR WAR EINER DER GRÖSSTEN MOMENTE FÜR MICH, WEIL ICH WEISS: ICH BIN JETZT OBEN ANGEKOMMEN BEI DEN GROSSEN.«

Was war dein bisher größtes Erlebnis?
Auf jeden Fall die WM jetzt in diesem Jahr, die ich miterleben durfte und dort auch noch eine Medaille mit der Staffel zu holen bei einer richtigen Weltmeisterschaft – das war jetzt einer der größten Momente für mich, weil ich einfach weiß, ich bin jetzt oben angekommen bei den Großen. Davor war es ja immer eine Juniorenmeisterschaft.

Und was machst du jetzt in der Zeit nach so einer Saison?

»BESONDERS NACH DIESER SAISON MERKE ICH SCHON, DASS ICH EINFACH ZEIT DAHEIM BRAUCHE UND WIEDER RUNTERFAHREN MUSS, EIN BISSCHEN RUHE BEKOMMEN MUSS.«

Deswegen muss ich dieses Jahr auch unbedingt in den Urlaub fahren, damit ich mal ein bisschen weg von allem bin. Und dann ist eigentlich die Zeit auch dafür da, um einfach wieder daheim klar Schiff zu machen, alles aufzuräumen und wieder ein bisschen Ordnung in das Leben hier daheim zu bringen.

Fällt dir das leicht, vom Wettbewerbsmodus auf Ruhe umzuschalten?
Ja, vom Sport kann ich mich daheim eigentlich recht gut distanzieren. Es ist eher so, dass ich hier irgendwie alles schaffen will und alles abarbeiten will.

Aber ich bin eigentlich schon ein Mensch, der dann schnell Sachen ausblenden und einfach meinen Kopf ausschalten kann.

Das Ausblenden ist ja bestimmt auch etwas, das du für den Biathlon lernen musstest, um vor allem beim Schießen die Ruhe zu bewahren und immer komplett bei dir sein zu können. Hilft dir das jetzt auch, um schnell wieder voll und ganz zu Hause anzukommen?
Auf jeden Fall. Ich glaube aber, es kommt eher vom normalen Leben in den Sport. Ich habe mir das in den letzten Jahren so angeeignet, dass ich meinen Ruhezustand in den Sport übertragen kann. Ich bin privat ein relativ ruhiger Mensch und mache mir nicht so viele Gedanken über alles und das ist auch ganz gut im Biathlonsport, wenn man im Rennen einfach seinen eigenen Weg gehen kann und nicht groß darüber nachdenkt, was passieren kann.

Meinst du damit, dein eigenes Ding im Rennen zu machen oder deinen Weg als Biathletin?
Beides. Ich glaube, wenn man zu sehr auf andere achtet, sei es jetzt im Rennen oder als Biathletin, dann verliert man sich. Es ist wichtig, dass man selber weiß, was man machen will und sich darauf konzentriert. Ansonsten, wenn man zum Beispiel im Wettkampf sieht, dass eine andere Biathletin beim Schießen fehlerfrei bleibt und weiß, sie ist eine gute Läuferin, dann malt man sich eigentlich schon den ganzen Wettkampf so aus, dass man eigentlich eh keine Chance mehr hat, nach vorne zu kommen. Ich glaube, man muss sein eigenes Rennen gut machen und nicht zu sehr auf die anderen schauen.

Ich würde gerne mit dir darüber sprechen, wie Talent und Leidenschaft zusammenhängen. Dazu erst einmal so gefragt: Was begeistert dich am Biathlon?
Dieses Spiel zwischen der vollen Anstrengung auf der Strecke und dem Schießen, wo du so konzentriert sein musst und wirklich alles ausschalten musst. Das ist, glaube ich, das Wichtigste, weil ich merke richtig, wenn ich mich selber nicht mehr an das Schießen an sich erinnere kann, dann war es das beste. Das ist so das Einzigartige, dass man halt wirklich in einem Tunnel sein muss beim Schießen, an nichts denken darf und trotzdem dann auf der Strecke wieder alles zu geben und sich quasi voll auszupowern.

Wann hast du die Begeisterung dafür zum ersten Mal gemerkt? Gab es da einen prägenden Moment am Anfang?
Das war das erste internationale Rennen, wo ich so richtig gemerkt habe, wie sehr Spaß es mir eigentlich macht und dass es einfach ein besonderer Moment ist, wenn man gegen so viele Nationen antreten darf.

Bis dahin ist es aber schon ein ganzes Stück. Da gab es ja sicher viele andere, die zeitgleich mit dir angefangen haben, die sich auch dafür begeistern konnten und nicht so weit gekommen sind wie du. Was hat da den Unterschied gemacht?
Ich denke, dass ich sehr früh auf meinen Körper gehört habe und genau wusste, was ich brauche. Das ist eigentlich der größte Punkt: Wenn man weiß, was einem guttut, dann kommt man bis dahin und hat auch die Leidenschaft, weil man es auch schaffen will, Dinge zu erreichen, die sonst niemand schafft oder die nicht alle erreichen können.

Glaubst du, dass aus der Begeisterung für den Sport ein Talent wachsen kann, wenn man es entsprechend fördert? Oder muss das Talent zuerst da sein und die Begeisterung kommt dann hinzu?
Ich glaube eher, dass man schon ein Talent für Biathlon braucht. Das merkt man schon, dass man das nicht rein aus der Begeisterung machen kann. Ich denke, wenn man gut im Schießen ist, dann kann man da weit kommen. Dafür braucht man schon ein gewisses Talent, die ruhige Hand quasi.

Jetzt bist du ja von außen betrachtet darin sehr erfolgreich. Aber würdest du dich selbst auch als erfolgreich bezeichnen?
Erfolgreich will ich jetzt noch nicht sagen.

»ICH HAB SCHON VIEL ERREICHT, ABER ERFOLGREICH IST DANN NOCHMAL EIN ANDERES LEVEL.«

Wenn ich durch den Ort gehe und Leute mich erkennen und mir gratulieren, dann ist es irgendwie ein komisches Gefühl. Klar, man schätzt es wert, was man erreicht hat, aber fühlt sich selbst nicht so erfolgreich, wie man letztendlich ist.

Also hast du noch größere Ziele?
Ja, mein größtes Ziel ist Olympia irgendwann mal. Schön wäre es natürlich schon 2026, weil es ja nicht weit von hier ist.

Was denkst du, wie kannst du
dein großes Ziel erreichen?

»DIE RUHE BEWAHREN, AUF DEN KÖRPER HÖREN UND WEITER DARAN ARBEITEN, IMMER EIN STÜCKCHEN BESSER ZU WERDEN VON JAHR ZU JAHR – ICH DENKE, SO SCHAFFT MAN ES IRGENDWANN.«

»WENN DU MENTAL NICHT FIT BIST, DANN KANNST DU DEINE LEISTUNG AUCH EINFACH NICHT BRINGEN.«

»WENN MAN SICH ZU SEHR IRGENDWO REINGRÄBT, DANN KOMMT MAN IN SO EINE SPIRALE UND IRGEND-WANN HAT MAN NUR NOCH SCHLECHTE GEDANKEN, DIE NICHT WEITERHELFEN.«

Ist es recht klar, wo es langgeht, wenn man zu Olympia will oder muss man auf dem Weg noch viele eigene Entscheidungen treffen?

Man muss schon sehr viele Entschei-dungen für sich selber treffen. Also man bekommt natürlich schon immer die Unterstützung, aber ich glaube, man kommt am weitesten, wenn man wirklich auch hinter seiner Meinung oder seiner Entscheidung steht.

Aber es kann ja auch so etwas passieren, was dir auch schon passiert ist, dass du wieder aus dem Kader genommen wirst. Hattest du das als Misserfolg abgebucht?

Im ersten Moment muss ich schon sagen, dass es für mich ein Misserfolg war, weil ich von mir selber enttäuscht war und auch nicht ganz zufrieden war, in dem Moment nicht ganz stark war vom Kopf her. Deswegen war es für mich schon ein ganz schöner Misserfolg. Aber ich bin auch eine Person, die das ziemlich schnell wieder abhakt und nicht zu sehr darüber nachdenkt und schnell neu starten kann. Und das habe ich dann auch gemacht. Ich war dann den Tag wirklich ein bisschen down, aber ich habe dann gesagt: „Ja, ich nehme jetzt die Herausforderung an" und bin zum Wettkampf gefahren und habe wieder versucht, meine Leistung zu bringen. Das hat sehr gut geklappt und so habe ich es auch wieder zurück geschafft.

Das ist eine spannende Fähigkeit, dass du dich so schnell wieder aus dem Tief herauholen konntest. Meinst du, das war eine wichtige Erfahrung für deinen weiteren Weg?

Ja, auf jeden Fall.

Und auf der anderen Seite: Wenn du jetzt einen Erfolg nach dem anderen hast, wie kommt man damit am besten klar?

Ja, dann ist's eigentlich genau umgekehrt: Einfach das Gute dann immer mitnehmen und die positiven Ereignisse und Momen-te in Erinnerung behalten. Es ist jetzt aber auch nicht so, dass ich wochenlang über den Erfolg nachdenke. Der ist eigentlich für mich auch ziemlich schnell Geschich-te. Aber ich weiß im Hinterkopf, dass ich auch zu guten Sachen fähig bin.

Kannst du aber deine großen Momente richtig genießen, bevor du sie gleich ab-hakst und in die Vergangenheit schiebst? Also hattest du diese Saison mal so einen Moment, in dem du einfach happy sein konntest, dass du da bist, wo du bist?

Ich muss sagen, dass ich schon mehr in die Zukunft schaue und dann auch oft mal die Momente nicht ganz so genie-ßen kann, wie ich es eigentlich will. Aber ich versuche immer so gut wie möglich im Moment zu sein. Weil auch nur dann bleibt es richtig in Erinnerung, wenn man etwas voll und ganz erlebt hat.

Was sind die Momente, die dir am meisten in Erinnerung bleiben?

Es sind mehrere Sachen. Zum Beispiel, wie ich in Nové Město das erste Mal 4x Null geschossen habe, das weiß ich noch genau. Oder auch die Siegerehrung besonders jetzt mit der Staffel, wo man nicht allein dasteht, sondern gemeinsam als Team. Das bleibt in Erinnerung.

Damit sind die Seiten schon gut gefüllt, aber unser Gespräch geht noch eine ganze Weile weiter, denn Themen gab es noch mehr als genug. Selina erzählt uns, wie sie mit den anderen Athletinnen mittlerweile zu einem richtig guten Team zusammengewachsen ist und wie wichtig das auch ist, denn das sind die Menschen, mit denen sie in den Wintermonaten mehr Zeit verbringt als sie mit ihrer Familie und ihren Freunden zu Hause verbringen kann. Jetzt passt eine Frage ganz gut, die ich noch mitgebracht habe.

Ich wollte wissen, ob Selina bei all ihren Erfolgen und großen Geschichten auch irgendetwas fehlt und nun ist mir eigentlich schon klar geworden, dass es das Zuhause ist, weil das kein Erfolg dieser Welt ersetzen kann und weil Erfolg eben zu Hause beginnt. Ich stelle die Frage dennoch und wie die ganze Zeit antwortet Selina auch darauf ehrlich: „Dieses Jahr habe ich brutal gemerkt, wie ich meine Familie, Freunde und meinen Hund vermisse, wenn ich solange unterwegs bin. Ich hatte fast schon Heimweh. Das hatte ich früher nie."

Auch deshalb weiß sie umso mehr zu schätzen, dass sie alle auch aus der Ferne immer für sie da sind und wie wertvoll ihr gerade die Zeit ist, bis das Training wieder startet.

Am Ende frage ich, wie viel Raum der Leistungssport in ihrem Leben einnimmt und die Antwort darauf teilen wir gerne noch:

S. Grotian

»Ich glaube, dass Biathlon bestimmt 85 bis 90% in meinem Leben sind. Aber das Sportlerleben ist ja auch begrenzt und kurz. Da muss man ALL IN gehen, wenn man was erreichen will.«

Vertrau auf dich selbst
und gib' nicht auf! :)
S. Grotian

FRIDA VISENTIN (12)

Seitdem wir uns für das Magazin auf den Weg gemacht haben, versuchen wir herauszufinden, wie das Leben große Geschichten schreibt. Inzwischen glauben wir ein ganz gutes Gespür dafür entwickelt zu haben, wer die Menschen sind, die gerade am Beginn einer solchen Geschichte stehen, von der wir wissen wollen, wie es dazu kommen konnte und wie sie jetzt weitergehen könnte. Frida gehört dazu – da waren wir uns gleich sicher, als wir sie auf der Bühne gesehen haben. Heute besuchen wir sie zu Hause in München, wo wir schnell feststellen, dass wir damit schon wieder am Ende einer Interviewreise angekommen sind.

Interview **Florian Saeling** Fotos **Marcel Ristau**

Du hast schon ins Magazin reingelesen und kennst die erste Frage: Wenn wir uns ganz unbekannterweise begegnet wären und ich dich einfach so fragen würde „Hey, wer bist du und was machst du mit deiner Zeit?" – was würdest du erzählen?

Also zuerst mal meinen Namen, mein Alter und meine Hobbys: Ich singe und spiele auch gerne Klavier. Dann würde ich auch erzählen, dass ich in München wohne, vier Brüder, einen Hund und eine Katze habe.

Auch wieder spannend, dass du das alles erzählen würdest. Was du aber jetzt nicht gesagt hast, ist, dass du gerade Teil von „The Voice Kids" bist.

Das würde ich definitiv auch erzählen, wenn wir dann mehr im Gespräch wären. Ich war vor zwei Jahren schon dabei und wurde aber nicht gebuzzert. Wenn Leute dann gefragt haben, ob ich nochmal mitmachen möchte, habe ich meistens geantwortet: „Ja, wenn ich mich traue und wenn ich merke, dass jetzt Zeit ist".

Also hast du genau den Moment erlebt, den viele befürchten und sich deshalb gar nicht erst bewerben: Du singst in Deutschlands größter Talentshow, keiner der Coaches dreht sich um und dann sehen das Millionen Menschen in den Medien. Hattest du davor auch Angst?

»NATÜRLICH HATTE ICH AUCH ANGST, DASS ICH NICHT GEBUZZERT WERDE. DAS WAR DIE GRÖSSTE KURZ VOR MEINEM AUFTRITT.«

Aber dann waren da ganz viele Menschen hinter der Bühne, die mir gesagt haben „Frida, komm mal runter. Entspann dich nochmal" und dann mit mir Übungen gemacht haben. So wurde es besser, aber die Angst war immer noch da.

Wie war es dann für dich, als der Moment wirklich eingetreten ist?
Als ich das realisiert habe, war ich natürlich traurig und enttäuscht, aber ich habe verstanden, warum ich nicht gebuzzert wurde. Ich war einfach noch nicht so weit und viel zu aufgeregt. Als ich dann die Wildcard bekommen habe, wusste ich noch gar nicht, was das ist. Also ich stand erst mal da und ich konnte damit gar nichts anfangen, bis mir dann hinter der Bühne gesagt wurde, dass ich damit nochmal in die Show darf. Darüber habe ich mich unglaublich gefreut und das war dann auch meine Ermutigung.

War es in dir drin dann schon klar, dass du es noch einmal versuchst?
Ja, ich wusste es. Also letztes Jahr noch nicht so genau, aber dieses Jahr habe ich Gesangsunterricht genommen. Ich wollte da unbedingt nochmal dabei sein, weil es unglaublich viel Spaß macht und man da sehr viele Freunde findet. Ich hatte mir fest in den Kopf gesetzt, dass ich das wieder machen will, aber dieses Jahr dann auch weiterkommen will.

Was ging dir kurz vor dem zweiten Auftritt durch den Kopf?
Ich hatte das Gefühl, besser vorbereitet zu sein und war vorher weniger aufgeregt – auch weil ich supernette Menschen dort wiedergesehen habe, die ich alle sehr mag. Kurz vor der Bühne hatte ich das Mikrofon in der Hand und hab gezittert am ganzen Körper. Aber als dann die ersten Takte von meinem Song gespielt wurden, war ich einfach nur glücklich, dass ich da stehen darf und noch einmal performen kann. Wenn dieser Song anfängt, bin ich nur darauf fixiert und dann fühle ich mich wohl, weil ich liebe es zu singen und wenn das Publikum dann noch mitfeiert und mich ermutigt, ist die Aufregung auch fast weg.

Was meinst du, woran liegt das, dass du dich sicherer gefühlt hast? Was ist in der Zwischenzeit passiert?

Also in der Zwischenzeit habe ich viel geübt und mir auch viele Gedanken darüber gemacht, ob ich beim zweiten Mal weiterkomme oder nicht. Das Üben war wichtig, aber diese Gedanken waren eigentlich komplett unnötig, weil egal, ob man in die Battles kommt oder nicht, ist es einfach eine tolle Erfahrung.

Genau das sind ja Gedanken, die viele andere auch zweifeln lassen. Was gibst du Leuten mit auf den Weg, die gerade denken: Ich will auch voll gerne da mal mitmachen. Ich kann auch singen, aber ich traue mich nicht so richtig.

Also ich würde denen sagen, dass es einfach grundsätzlich eine tolle Erfahrung ist, dass es Spaß macht, auf dieser Bühne zu Bühne zu stehen und dass die Leute dort richtig nett sind, dass du in der Zwischenzeit viel üben kannst und dass du keine Angst haben musst. Weil dort wird dich keiner auslachen und das, was die Menschen auf Social Media sagen, das kann dir eigentlich egal sein, weil nur du selber weißt, wie das ist, dort zu stehen und wie das ist, dafür zu üben – wie viel du machen musst, um überhaupt auf dieser Bühne zu stehen. Und wenn sie dich im Casting annehmen, dann kannst du auch singen und dann bist du schon ein Talent und merkst, dass es toll ist, vor Leuten zu singen.

Was braucht es noch, außer Talent, um den Schritt zu schaffen?

Es braucht Selbstbewusstsein und es braucht den Mut, auf die Bühne zu gehen.

Gab es eine Begegnung auf deinem Weg, die dich besonders bestärkt und ermutigt hat?

Ja, bei meiner ersten Teilnahme war ich noch sehr, sehr schüchtern und hatte noch ziemlich viel Angst. Ich habe dort eigentlich nicht so viele Leute kennengelernt. Dann saß ich im Finale im Publikum und habe Georgia umarmt, als sie gerade gewonnen hatte. Und sie hat mir gesagt, dass ich es nächstes Jahr nochmal probieren soll und dass ich es dann ganz bestimmt schaffe. Das hat mich sehr ermutigt.

»DU MUSST KEINE ANGST HABEN. WEIL DORT WIRD DICH KEINER AUSLACHEN.«

»DASS ICH ES BIS IN DIE BLINDS ÜBERHAUPT GESCHAFFT HABE, DAS WAR FÜR MICH SCHON SEHR, SEHR BEDEUTEND.«

»ALSO DER ERSTE TRAUM IST ERFÜLLT UND JETZT KOMMT SO DAS GEFÜHL, JETZT WILL ICH AUCH GEWINNEN.«

Es ist jetzt auch mein Traum, dass mich mehr Leute auf der Straße ansprechen oder in der Schule, dass sich also mehr Menschen für mich interessieren, die ich nicht kenne.

Mit zunehmender Bekanntheit hast du dann ja auch mehr Potenzial, Menschen zu inspirieren mit den Dingen, die du so machst. Aber denkst du, dass du auch heute schon inspirieren kannst?
Ja, ich denke, dass ich Leute mit dem Style inspirieren kann, wie ich den Song von Billie Eilish singe. Ich versuche, so wie sie zu sein und meinen eigenen Stil mit reinzubringen. Also ich male mir den Song immer so aus, wie ich den haben will und singe nicht einfach nur nach. Ich baue immer etwas ein, was mir gefällt und das versuche ich auch den Leuten zu übermitteln – dass sie auch ihr eigenes Ding machen sollen.

Super wichtig! Ich finde das auch einen richtig guten Weg, sich davon inspirieren zu lassen, was andere machen, um dann etwas Eigenes daraus zu kreieren. Letzte Frage: Mal ganz abgesehen von der Musik – was ist so typisch Frida?
Also ich liebe das Trampolin und bin eigentlich immer mit Hunden oder meinen Freunden zusammen. Grundsätzlich mache ich gern was mit meinen Freunden und in der Schule versuche ich denjenigen beizustehen und zu helfen, die schwächer sind, die vielleicht von anderen runtergemacht werden.

War das schon lange dein Traum, auf der großen Bühne zu singen?
Ja, das war wirklich mein Traum. Mit vier habe ich angefangen zu singen und zu tanzen. Später habe ich einfach hier zu Hause angefangen, Klavier zu spielen. Dann habe ich „The Voice Kids" geguckt und gesehen, wie die Kinder dort performen und wie glücklich sie dabei sind. Ich habe mir in den Kopf gesetzt, das auch zu machen und dann geübt und geübt und geübt.

Wie fühlt sich das an, wenn der Kindheitstraum plötzlich wahr wird?
Also ich war unfassbar glücklich, als meine Eltern mir gesagt haben, dass ich die Vor-Castings geschafft habe und in den Blind Auditions bin. Ich habe angefangen zu weinen, weil ich das gar nicht realisiert habe. Dass ich es bis in die Blinds überhaupt geschafft habe, das war für mich schon sehr, sehr bedeutend.

Was ist jetzt dein Traum? Hast du gerade überhaupt noch einen?
Ja, also der erste Traum ist erfüllt und jetzt kommt so das Gefühl, jetzt will ich auch gewinnen. Auch, wenn ich die Mitmenschen, die dort sind, sehr gerne mag, will ich natürlich, dass entweder ich gewinne oder zumindest jemand aus meinem Team.

Auf der Rückfahrt nach Berlin geht mir das Gespräch nochmal durch den Kopf. Im wahrsten Sinne, denn zum Glück ist es aufgezeichnet und 3h 55min im ICE sind genug Zeit, um in Ruhe darüber nachzudenken, was wir aus dem Interview mitnehmen können. Da ist zum Einen das, was Frida sich selbst wünscht: Dass sie eine Inspiration sein kann, wenn es darum geht, den eigenen Stil zu entwickeln. Zudem habe ich auch einen Wunsch: Dass ihre Geschichte eine Ermutigung für dich sein kann, den nächsten großen Schritt im richtigen Moment noch einmal zu versuchen, wenn du im ersten Anlauf noch nicht weit genug gekommen bist.

Mit diesem Satz könnten wir die Ausgabe beenden, wenn uns nicht noch etwas Wesentliches fehlen würde: Der Titel. Wochenlang suchen wir in Gedanken nach einem, weil es ungewöhnlich ist, dass die Idee diesmal nicht wie sonst auf dem Weg entstanden ist – dachten wir zumindest. Wie aus dem Nichts fällt auf einmal die Wahl auf „Jetzt ist Zeit" – drei Worte, die sich einfach ganz passend anfühlen. Was uns zu dem Zeitpunkt noch gar nicht aufgefallen war: Sie stecken sogar in einer von Fridas Aussagen gleich am Anfang des Gespräches:

»Ja, wenn ich mich traue und wenn ich merke, dass jetzt Zeit ist.«

Wieder eine Story mehr, die wir an unserer Reise so lieben, denn Frida liefert den besten Beweis gleich mit, was passieren kann, wenn der Moment gekommen ist, in dem alles in dir sagt „Jetzt ist Zeit". Diesmal performt sie „Happier Than Ever" – ein Song von Billie Eilish, die sie nicht nur musikalisch, sondern auch persönlich sehr inspiriert. Damit ist sie nicht nur „happier", sondern auch sichtlich „stronger than ever" und überzeugt alle Coaches. Liebe Frida, wir wünschen dir nur das Beste auf deinem Weg mit noch weiteren solcher Jetzt-ist-Zeit-Momente!

Egal wie
schwierig es
aussieht.
Bleib dran

♡

Frida

IMPRESSUM

Mentling Ausgabe Nr. 4: Jetzt ist Zeit.
1. Auflage

© Copyright 2024
MENTLING MEDIA, Berlin
in der Mentling Media UG
(haftungsbeschränkt)
Kolonnenstr. 8, 10827 Berlin

E-Mail: hallo@mentling.de
Web: www.mentling.de
IG & TikTok @mentling_magazin

Herausgeber
Florian Saeling, Marcel Ristau

Redaktionelle Leitung
Florian Saeling
flo@mentling.de

Creative Director
Design & Layout
Max Saeling
hallo@maxsaeling.de

Bildredaktion
Anzeigen & Kooperationen
Marcel Ristau
marcel@mentling.de

Personen in dieser Ausgabe
Marlon Hammer, Tom Suckow,
Elissa Hamurcu, Jonas Kaufmann,
Noel Dederichs, Cara Vondey,
Simón Aguirre Schomacher,
Liam Seidel, Selina Grotian,
Frida Visentin

Druck
KOLIBRI DRUCK
Zeitfracht Medien GmbH, Nürnberg

Printed in Germany
ISBN 978-3-910512-03-0

Diese Ausgabe trägt dazu bei, den „Secret Forest" in Peru zu schützen.

Wilderness International

EURE BOTSCHAFTEN.

Träume müssen nicht immer Träume bleiben. Man braucht nur den Mut, um sie in Ziele umzusetzen.

Nach jedem Tief kommt ein Hoch.

Man weiß nie, was hinter den Kulissen eines Menschen passiert.

Everything good in this world started with a dream.

Kämpfe für alles, was dir wichtig ist, auch wenn es schwierig ist.

Träume nicht dein Leben. Lebe deinen Traum.

Tu es! Was hält dich noch davon ab?

Hört nicht auf die Mobber. Ihr seid toll.

In Situationen, mit denen man zuerst nicht umgehen kann, kann man extrem reifen und im Nachhinein dankbar für diese sein.

Niemand weiß, was er kann, bis er es probiert hat.

„Wenn du das Leben liebst, dann gibt es keine Zeit zu verschwenden, denn aus Zeit besteht das Leben."
– aus Asien

Mach aus deiner Liebe kein Geheimnis. Liebe ist Geheimnis genug.

Höre auf dein Herz und nicht was andere sagen.

– Emma (19)

Wenn du es nie versuchst, wirst du es nie wissen.

Deine Geschichte kann die Welt verändern.

Der Moment, in dem du dich vollständig akzeptierst, ist der Moment, in dem du anfängst zu leben.